AFRICANA

ESCRITO POR
KIM CHAKANETSA

ILUSTRADO POR
MAYOWA ALABI

1ª EDIÇÃO - CAMPINAS, 2023

MOSTARDA EDITORA

SUMÁRIO

5 BEM-VINDO À ÁFRICA

6-7 O QUE É A ÁFRICA?

8-9 ÁFRICA
- 10-11 Fora da África
- 12-13 Um continente de contrastes

14-15 NORTE DA ÁFRICA
- 16-17 Dinastias dinâmicas
- 18-19 Povos e culturas do norte da África
- 20-21 Vida selvagem e paisagens
- 22-23 Personalidades importantes
- 24-25 Curiosidades

26-27 ÁFRICA ORIENTAL
- 28-29 O berço da humanidade
- 30-31 Povos e culturas da África Oriental
- 32-33 Vida selvagem e paisagens
- 34-35 Personalidades importantes
- 36-37 Curiosidades

38-39 ÁFRICA CENTRAL
- 40-41 Reinos conquistadores e migração em massa
- 42-43 Povos e culturas da África Central
- 44-45 Vida selvagem e paisagens
- 46-47 Personalidades importantes
- 48-49 Curiosidades

50-51 ÁFRICA OCIDENTAL
- 52-53 Poder e prosperidade
- 54-55 Povos e culturas da África Ocidental
- 56-57 Vida selvagem e paisagens
- 58-59 Personalidades importantes
- 60-61 Curiosidades

62-63 SUL DA ÁFRICA
- 64-65 Grandes impérios
- 66-67 Povos e culturas do sul da África
- 68-69 Vida selvagem e paisagens
- 70-71 Personalidades importantes
- 72-73 Curiosidades

74-75 ÁFRICA GLOBAL
- 76-77 História da migração para o exterior
- 78-81 Dez exemplos de como a África influenciou o mundo
- 82-83 Personalidades importantes
- 84-87 Palavras de sabedoria
- 88-89 Fatos rápidos sobre as bandeiras
- 90-91 Bandeiras africanas

92-93 Glossário

94-95 Índice remissivo

BEM-VINDO À ÁFRICA

Cada um dos mapas destacados neste livro contém informações sobre diferentes partes da África. À medida que seguirmos explorando a África e seus países fascinantes, usaremos como guia os mapas da União Africana, com sua habitual divisão da África em cinco regiões geográficas: Norte, Sul, África Central, África Oriental e África Ocidental. Apenas lembre-se de que os mapas deste livro são estilizados e foram criados para contar uma história. Eles não estão em escala real e não oferecem todos os dados. Caso você deseje consultar mapas mais detalhados da África, é melhor que recorra a um atlas. No entanto, esperamos que os mapas deste livro inspirem você a desvendar esse incrível continente e a descobrir tudo o que for possível sobre sua magnífica história.

UMA NOTA IMPORTANTE SOBRE DATAS

Muitas sociedades africanas conservaram seus registros de forma oral em vez de utilizarem a forma escrita. Como muitos historiadores tendem a confiar em registros escritos, isso significa que nem sempre há consistência ou consenso quando se trata de datas na história africana.

COMO ESTE LIVRO FUNCIONA

LINHA DO TEMPO

Cada seção contém uma linha do tempo com fatos históricos de cada região. Viajando de volta no tempo, revela alguns dos primeiros habitantes do local; em seguida, chegando aos dias modernos, demonstra como as coisas mudaram. É importante notar que muitas das datas destacadas ainda estão sendo discutidas por historiadores de hoje. As datas fornecidas são as adotadas com maior frequência.

POVOS E CULTURAS

A África é um continente repleto de comunidades e culturas diversas com suas notáveis tradições e costumes. Esses elementos destacam apenas um pouco das comunidades e culturas que podem ser encontradas na África.

VIDA SELVAGEM E PAISAGENS

A África é a casa de uma enorme variedade de paisagens e de vida selvagem. De desertos secos a florestas tropicais verdejantes, estas páginas revelam um caleidoscópio rico de fauna e flora desse vasto continente.

PERSONALIDADES IMPORTANTES

São apresentadas pessoas inspiradoras que fazem parte da rica história e da cultura de cada região da África.

CURIOSIDADES

Estas páginas destacam uma coletânea de fatos que permitem descobrir mais sobre as regiões do continente. De músicas de protesto aos recursos renováveis, descubra o que faz cada região da África ser maravilhosamente única!

O QUE É A ÁFRICA?

Prepare-se para explorar a África — o segundo maior continente do mundo e um lugar de grandes contrastes: de cidades movimentadas, savanas abertas, montanhas nevadas e desertos abrasantes. De acordo com a União Africana, a África é composta de 55 países, cada um com pessoas e paisagens únicas, e é casa de mais de 1,3 bilhão de pessoas.

Dado o tamanho do continente, não surpreende que nele sejam falados mais de 2 mil idiomas, incluindo Afar, Bemba, Lingala, Xona, Uolofe e Xossa. Isso representa cerca de 30% de todos os idiomas falados no mundo! Desde os Berberes do norte da África aos Massais do leste africano, dos Iorubás no oeste africano aos Hereros do sul da África, trata-se de um continente de comunidades e culturas notavelmente diversas.

XOSSA é uma das 11 línguas oficiais da África do Sul. É também uma das poucas línguas ao redor do mundo em que são usados sons de cliques.

O CONTINENTE-MÃE

Cientistas e arqueólogos encontraram fósseis datados de milhões de anos que indicam que a vida humana começou na África. Por causa disso, a África é ocasionalmente chamada de "Continente-Mãe". O continente tem uma rica e vibrante história, abrangendo milhões de anos e cobrindo diferentes civilizações, incluindo os antigos egípcios, o Império Songai e o Império de Gana.

Além de sua impressionante variedade de povos, línguas e nações, a África é também conhecida por sua rica vegetação e vida selvagem. Ande pela densa floresta das montanhas Virunga e você poderá se deparar com o gorila-das-montanhas, um dos maiores primatas do mundo. Visite o Parque Nacional de Serengeti e você poderá encontrar uma manada de grandes elefantes-africanos caminhando pelas pastagens. Caminhe pelas Terras Altas da Etiópia, lar de algumas das maiores montanhas do continente, e, se for sortudo, você poderá encontrar um lobo-etíope. Desde Nollywood — vasta indústria cinematográfica nigeriana — até a Savana do Silício, no Quênia, a África contemporânea é um lugar de criatividade e engenhosidade.

Os **ELEFANTES-AFRICANOS** são encontrados em 37 países da África. Trinta minutos depois de nascerem, os filhotes já são capazes de se levantar. Com uma ou duas horas de vida, já conseguem caminhar.

Os **GORILAS-DAS-MONTANHAS** são uns dos primatas mais fortes. Um macho médio pode pesar cerca de 180 quilos.

ÁFRICA

A África é um lugar de belezas naturais esplêndidas e tesouros escondidos. De seus desertos vastos e de suas densas florestas tropicais até seus vibrantes horizontes urbanos, suas paisagens são tão diversas quanto seu reino animal. A África é um lugar de sonhadores ousados e mentes brilhantes — um continente de potencial ilimitado!

Em toda a África há muitas disputas territoriais. Esses conflitos foram herdados das potências coloniais que criaram fronteiras arbitrárias quando dividiram o continente entre si na Conferência de Berlim ou Conferência da África Ocidental, realizada entre 1884 e 1885. Algumas dessas disputas eram pequenas, como para determinar se um país devia fazer parte da África Oriental ou do sul da África. No entanto, outras disputas eram de maior interesse. Existe uma disputa de longa duração entre habitantes do Saara Ocidental e do Marrocos. O conflito partiu do desejo de que o Saara Ocidental se tornasse um território independente. Contudo, essa área escassamente habitada na costa noroeste da África foi anexada pelo Marrocos em 1975, indicando que o país havia tomado posse da região. Isso levou a um conflito duradouro que terminou em 1991, quando a Organização das Nações Unidas intermediou um tratado de paz. Apesar da trégua, a disputa territorial permanece sem solução.

LIBÉRIA significa "terra da liberdade".

A Basílica de Nossa Senhora da Paz de Yamoussoukro é uma das maiores igrejas do mundo e está localizada na **COSTA DO MARFIM**.

Um dos locais para se visitar no **TOGO** é a região de Koutammakou, um assentamento tradicional na parte nordeste do país. É famoso por suas ancestrais casas de barro tradicionalmente chamadas de takienta.

A indústria cinematográfica da **NIGÉRIA**, conhecida como Nollywood, produz mais filmes por ano do que Hollywood.

O maior anfíbio anuro do mundo vive em **CAMARÕES**. É chamado de rã-golias e pode chegar a medir mais de 30 centímetros.

O rio **CONGO** é o mais profundo do planeta. Chega a medir 220 metros de profundidade em algumas partes.

O **QUÊNIA** é o lar da maior parte da população dos Kalenjin. Esse grupo é famoso por revelar muitos dos mais velozes corredores de longa distância do mundo.

As **SEICHELES** são um arquipélago composto por pequenas (mas lindas) ilhas que formam o menor país da África. As Seicheles cobrem uma área total de aproximadamente 450 quilômetros quadrados.

Na fronteira entre Zimbábue e Zâmbia você encontra as **CATARATAS DE VITÓRIA** — uma das sete maravilhas naturais do mundo. É a maior queda d'água da África e uma das maiores do mundo. Seu nome nativo é Mosi-oa-Tunya, que significa "fumaça que troveja".

Se você quiser encontrar um guepardo, a **NAMÍBIA** é o lugar certo para ir! O país tem a maior população do mundo de guepardos em livre circulação.

Com cerca de 55-80 milhões de anos, o **DESERTO DO NAMIBE** é considerado o deserto mais antigo do mundo.

A moeda de **BOTSUANA** é a Pula, cujo nome significa "chuva" ou "benção" na língua tsuana.

Na **ÁFRICA** há mais países do que em qualquer outro continente.

O primeiro transplante de coração do mundo ocorreu na **ÁFRICA DO SUL** em 1967.

Um dos edifícios de pedra mais famosos no sul da África se chama **GRANDE ZIMBÁBUE**. O complexo fez parte de uma cidade antiga no Reino do Zimbábue. O nome Zimbábue significa "casa de pedra".

REINO DE ESSUATÍNI era conhecido como Suazilândia até mudar de nome em 2018.

LESOTO é um país sem litoral dentro da África do Sul. É um dos poucos países no mundo a ser completamente cercado por outro país.

FORA DA ÁFRICA

Todos nós somos um pouco africanos, uma vez que a história da vida humana começou na África há cerca de 3 milhões de anos. Cientistas descobriram fósseis humanos no leste africano que revelaram onde nossos ancestrais hominídeos divergiram primeiro do chimpanzé, começaram a andar eretos, aprenderam a usar ferramentas e finalmente migraram ao redor do mundo.

C. 3100-30 A.C.
EGITO ANTIGO

A civilização do Antigo Egito começou há cerca de 5.000 anos e durou por volta de 3.000 anos. É famosa por suas admiráveis pirâmides, faraós, tumbas e múmias.

C. 3.000 ANOS ATRÁS
MIGRAÇÃO BANTO

Foi uma migração em massa de pessoas pela África. Falantes da língua banto gradualmente deixaram suas terras de origem no centro-oeste da África e viajaram para as regiões leste e sul. A migração durou cerca de 2.000 anos. Não está claro por que os povos falantes de banto deixaram suas terras. Hoje, essa população soma por volta de 310 milhões de pessoas.

C. 1440-1866
O COMÉRCIO TRANSATLÂNTICO DE ESCRAVIZADOS

A partir do século XV, teve início a Era dos Descobrimentos. Os navegadores europeus começaram a explorar o globo procurando por mercadorias. Os marinheiros portugueses lideraram a exploração da África, mas logo foram seguidos por outros europeus, como britânicos e espanhóis. Esses exploradores buscavam obter e vender mercadorias, como cobre, têxteis e marfim. Eles também estavam procurando outra "mercadoria": humanos. Dessa forma começou o comércio de escravizados.

C. 1200-1600
OS GRANDES IMPÉRIOS MALI E SONGAI

No Mali, dois dos maiores impérios da história africana dominaram por 300 anos. O primeiro foi estabelecido no século XIII, sob a liderança de Sundiata Queita; e o segundo no século XV, sob a liderança de Sonni Ali, também conhecido como "Ali, o Grande".

Alguns historiadores acreditam que **ETIÓPIA** e **LIBÉRIA** sejam os únicos países da África que não foram colonizados.

C. 1884-1914
A CORRIDA PELA ÁFRICA

No final do século XIX, o comércio de pessoas escravizadas chegou ao fim. Nesse período, países europeus buscaram acumular mais riquezas e poder invadindo e tomando países africanos (ou "colônias", como eles chamavam). Os colonizadores, aqueles responsáveis por dividir a África, agiram sem a permissão dos africanos que ali viviam. As novas fronteiras não levaram em consideração as pessoas, a cultura e a geografia daqueles lugares. Essas mudanças permanecem sendo fonte de conflitos e desacordos até os dias atuais.

O COMÉRCIO DE ESCRAVIZADOS

Há uma estimativa de que 12 milhões de africanos foram levados através do Oceano Atlântico para as novas colônias na América do Norte, na América do Sul e no Caribe para trabalhar em campos, plantações e minas.

Enquanto os escravizadores europeus ficavam ricos, era devastador para os escravizados, que eram separados de suas famílias, privados de sua liberdade e tratados com grande violência e crueldade. Eram forçados a obedecer a seus senhores e tinham que trabalhar longas horas em condições severas sem receber qualquer pagamento.

Para os europeus, o trabalho não pago dos escravizados ajudou a financiar o crescimento de seus impérios e pagou pela construção de muitos dos grandes edifícios que ainda são vistos em cidades europeias nos dias de hoje. Para os escravizados, isso prejudicou a vida de milhões de africanos e de seus descendentes. O impacto desse período sombrio da história ainda é sentido. Descendentes de escravizados africanos que vivem em países como os Estados Unidos ainda sofrem as consequências da escravidão.

c. 100 a.C.–700 d.C.

O IMPÉRIO DE AXUM

O Império Axumita foi um dos mais importantes centros comerciais do nordeste da África. O império durou do século I a.C. ao século VIII d.C., estendendo-se pelo norte da Etiópia e pelo Altiplano Eritreu, incluindo partes do Sudão e da Somália. O Império de Axum é considerado uma das quatro maiores civilizações do mundo antigo, sendo conhecido por diversas conquistas, como o desenvolvimento de uma escrita própria, o alfabeto Ge'ez. A civilização Axum foi uma das primeiras a abraçar o Cristianismo, o que ocorreu no século IV.

c. 500–1500

REINO DE IFÉ

O Reino de Ifé foi um dos mais poderosos da África Ocidental que surgiu nos anos 500 d.C e floresceu entre 1100 e 1500 d.C. Grande parte de sua riqueza derivava da habilidade de acessar lucrativas rotas e redes de negócios. O Reino de Ifé é conhecido por suas extraordinárias e realistas esculturas feitas de bronze, cobre e terracota.

c. 1000–1450

GRANDE ZIMBÁBUE

Os vestígios da capital de um império nativo que prosperou durante os séculos XI e XV podem ser encontrados na atual região do Zimbábue. As ruínas da cidade são feitas de impressionantes torres de pedras e muralhas e são conhecidas como Grande Zimbábue. Foi uma das primeiras cidades do sul da África.

c. 600–1200

IMPÉRIO DO GANA

O Império do Gana, também conhecido como Império Uagadu, estendia-se pelos atuais oeste do Mali, leste do Senegal e sudeste da Mauritânia. Foi um dos maiores centros comerciais medievais da África Ocidental e sua riqueza derivava do ouro. Apesar do nome, o antigo império não tem nenhuma relação com a atual República de Gana.

Reino Unido, França, Alemanha, Itália, Portugal, Espanha e Bélgica eram **POTÊNCIAS COLONIAIS**.

c. 1884–anos 1960

O PERÍODO COLONIAL

As potências coloniais governaram os países africanos de diferentes maneiras. Embora elas tenham construído ferrovias e pontes que ainda existem, o sistema colonial tinha o objetivo de enriquecer os europeus em detrimento dos nativos. A colonização mudou drasticamente a África.

1957

INDEPENDÊNCIA!

Em 6 de março de 1957, Gana se tornou o primeiro país da África Subsaariana a conseguir independência. Isso demonstrou que as potências coloniais não estavam mais no comando. Kwame Nkrumah foi o primeiro líder do Gana independente. A independência foi um momento importante — não apenas para Gana, mas para todo o continente —, e outros países logo seguiram o mesmo caminho.

1994

O FIM DO APARTHEID

Em abril de 1994, foi realizada a primeira eleição democrática da África do Sul em que todas as raças puderam votar. Nelson Mandela foi eleito o primeiro presidente negro do país.

UM CONTINENTE DE CONTRASTES

A África é um continente cheio de personalidade, cores e contrastes! Se você fosse num caminhão ou a pé do Cairo, no Norte, até a Cidade do Cabo, no Sul, você iria encontrar uma surpreendente variedade de pessoas, culturas, paisagens, plantas e vida selvagem.

LESOTO é um dos três países do mundo cujo território é completamente cercado por outro país. O Lesoto é cercado pela África do Sul. Os outros dois países são a República de San Marino e a Cidade do Vaticano, ambos cercados pela Itália.

GEOGRAFIA

O Deserto do Saara é o maior deserto quente do mundo, e o nome Saara significa "deserto" em árabe. Ele cobre a maior parte do norte da África e é maior do que o Brasil! Dizem que, se o deserto fosse um país, seria o quinto maior país do mundo. As altas temperaturas do deserto e suas dunas de areia contrastam fortemente com os vales verdes, as grandes montanhas e os rios do Reino do Lesoto, localizado no sul da África. O Lesoto às vezes é chamado de "Reino do Céu", pois o ponto mais baixo desse país montanhoso está a 1.400 metros acima do nível do mar. É considerado o país mais alto do mundo e, devido à sua elevação, possui um clima mais frio do que a maioria das regiões de mesma latitude.

ESTILO DE VIDA

A tribo Himba, localizada no norte da Namíbia, é conhecida por levar um estilo de vida tradicional que se mantém inalterado por gerações. Eles vivem um estilo seminômade, criando gado e cabras. São famosos por suas impressionantes tranças vermelhas, que eles cobrem com uma pasta chamada **OTJIZE** como parte de um ritual de embelezamento. **OTJIZE** é feita da mistura de gordura de manteiga e ocre moída, uma pedra encontrada na região. Em outros lugares, se você andar pelas ruas de Brazzaville (República do Congo) ou Kinshasa (República Democrática do Congo), é provável que vivencie um estilo de vida muito diferente. Você encontrará "sapeurs" ou "sapeuses" — homens e mulheres vestidos de forma extravagante que são conhecidos por seu amor por roupas ocidentais. Seus guarda-roupas, compostos de ternos de três peças, gravatas-borboletas coloridas e bengalas, revelam uma admiração pela moda antiga da alfaiataria, que eles renovam com um toque congolês fresco e colorido.

Casas de Ndebele

Igreja de São Jorge

ARQUITETURA

Em todo o continente, você encontrará formas variadas de arquitetura que homenageiam as diversas histórias e culturas dos povos. Na África do Sul, o povo Ndebele usava esterco e terra para colorir suas casas, que são conhecidas pelos seus ousados padrões geométricos. A tradição de pintar as paredes das casas remonta ao século XVIII e era uma forma de anunciar coisas como valores familiares e casamentos.

Se você viajar para a cidade de Lalibela, na Etiópia, encontrará um estilo diferente de arquitetura. Datadas em mais de 1.000 anos, existem diversas igrejas preservadas de diferentes reinados e dinastias da Etiópia. A Igreja de São Jorge ou Bete Giyorgis é uma dessas famosas igrejas medievais. É um feito incrível da arquitetura, pois foi esculpida no chão de uma rocha vulcânica por volta do século XII d.C.

O **FESTIVAL DO VODU** ou Dia Nacional do Vodu é um feriado nacional do Benin.

RELIGIÃO

Como é esperado de um continente de vários povos e culturas, não há apenas uma religião ou crença africana. A identidade religiosa das pessoas geralmente está associada ao local de origem. O Islamismo e o Cristianismo desempenham um papel importante, assim como as crenças tradicionais locais. No Benin, país do oeste africano, o Vodu é a religião oficial. O Vodu é considerado mais do que um sistema de crenças. Ele é compreendido como um modo de vida, incluindo cultura, filosofia, língua, arte, dança, música e medicina.

Também não é incomum que as pessoas misturem religião e crenças tradicionais. Por exemplo, no Zimbábue, uma pessoa Xona que é cristã pode aderir a certos costumes tradicionais — pode invocar Vadzimu (espíritos ancestrais) para proteção ou orientação e cultivar certos rituais cristãos, como batismos, casamentos e funerais.

ANIMAIS

O maior animal terrestre do mundo é originário da África. O elefante-africano pode crescer mais de 3 metros e pesar por volta de 6 toneladas. Curiosamente, um dos menores mamíferos do mundo também pode ser encontrado na África! Ele é um parente distante do elefante, mas é pequeno como um rato e mede apenas 30 centímetros de comprimento! É chamado de musaranho-elefante e tem um distinto nariz em forma de tromba, que ele usa para se alimentar de insetos.

NORTE DA ÁFRICA

O norte da África é composto de sete países: Argélia, Egito, Líbia, Marrocos, Mauritânia, Tunísia e Saara Ocidental. Assim como o restante do continente, o norte da África apresenta uma grande diversidade em sua paisagem. Nessa região você encontrará montanhas, desertos, campos, rios e vales.

A **CORDILHEIRA DO ATLAS** perpassa o norte da África com uma extensão de aproximadamente 2.000 km, atravessando a Argélia, o Marrocos e a Tunísia.

TUNÍSIA é o menor país do norte da África.

MARROCOS é um dos três reinos (território governado por um rei ou rainha) restantes no continente africano. Os outros dois são Lesoto e Reino de Essuatíni. A Universidade de Al-Karaounie foi fundada em 859 e é uma das mais antigas do mundo.

ARGÉLIA é o país de maior extensão no continente africano, com mais de 2 milhões de km². Um dos sítios arqueológicos mais famosos do mundo, o Tassili n'Ajjer, está localizado aqui. Nele há mais de 15 mil pinturas rupestres e gravuras que datam de 12 mil anos.

O **SAARA OCIDENTAL** tem sido objeto de uma longa disputa territorial entre o Marrocos e o povo nativo saharaui, que busca a independência. Por causa dessa disputa, nem todos os países reconhecem o Saara Ocidental como um país independente.

Na **MAURITÂNIA**, você pode encontrar a Estrutura de Richat, também conhecida como "Olho do Saara" ou "Olho da África". Essa estrutura rochosa de forma circular possui cerca de 50 quilômetros de diâmetro. Vista do espaço sideral, ela se parece com um alvo!

CUSCUZ é um prato típico do norte da África que costuma ser servido com carne, peixe, ensopados e legumes. O cuscuz é um grão feito de sêmola de trigo duro.

Na **TUNÍSIA** podemos encontrar as ruínas da antiga cidade de Cartago, que era uma das maiores cidades do período pré-industrial.

Matmata é uma pequena cidade no **SUL DA TUNÍSIA**, onde muitas pessoas vivem em casas subterrâneas feitas para evitar o calor.

A região do norte do Saara, a oeste do Nilo, é conhecida como **MAGREB**.

Quase 7 milhões de pessoas vivem na **LÍBIA**.

A capital do Egito, **CAIRO**, é uma das cidades islâmicas mais antigas do mundo.

O **EGITO** tem a maior população do norte da África, com mais de 100 milhões de pessoas.

DINASTIAS DINÂMICAS

O norte da África é uma região dinâmica com uma história rica e impressionante. Foi o lar de uma das maiores e mais poderosas civilizações: o Antigo Egito. Atualmente, essa região é uma mistura animada que une o tradicional ao moderno — você encontrará nômades pastoreando camelos e cabras nos limites do deserto, como também poderá encontrar uma megacidade em expansão. A diversidade da região também se reflete em sua paisagem de montanhas, desertos, pastagens, rios e vales.

C. 8000-6000 A.C.

UM SAARA DIFERENTE

Durante a Idade da Pedra, o deserto do Saara não era o lugar seco e coberto de areia que conhecemos hoje. Naquele período, a região recebia muita chuva e era coberta de vegetação. Até foi habitada por animais selvagens como elefantes, rinocerontes e hipopótamos. Mais tarde, uma mudança nos padrões climáticos transformou o Saara em um deserto estéril, e hoje ele é um dos lugares mais secos do planeta.

SÉCULO VII

A CONQUISTA ÁRABE

A conquista árabe do norte da África começou por volta de 640 d.C., sob a liderança de um governante militar conhecido como Amr ibn al-As. Ele comandou um exército com cerca de 4.000 homens de uma cidade chamada Meca (na atual Arábia Saudita) e passou a conquistar outras cidades. Ele é considerado uma figura de grande importância histórica por seu papel em introduzir o Islã na região. Suas conquistas ajudaram a estabelecer o Islã como uma das grandes religiões do mundo.

264 A.C.

INVASÃO ROMANA

Com o tempo, o poder e a influência de Cartago se estenderam do norte da África até a Sicília, na Itália. Os romanos viram isso como uma ameaça e iniciaram a primeira de três guerras que acabariam levando Roma a destruir a cidade de Cartago em 146 a.C.

O período que se estendeu entre os séculos VII e XVI foi de constantes mudanças e turbulências em toda a região, com diferentes **DINASTIAS** conquistando e perdendo o poder. Algumas das mais notáveis dinastias foram a dinastia Omíada, a dinastia Abássida, a dinastia Fatímida e a dinastia Aiúbida de Salah al-Din Yusuf ibn Ayyub.

1062-1147

A DINASTIA ALMORÁVIDA

A dinastia Almorávida emergiu como uma nova potência. Os almorávidas eram etnicamente mais berberes do que árabes, o que significa que eram membros dos povos nativos do norte da África. Em 1062 conquistaram Marrocos e fizeram de Marraquexe a sua capital. Com o tempo, os almorávidas também passaram a governar partes do Saara, da Argélia e da Espanha.

1951-1962

INDEPENDÊNCIA

Depois da Segunda Guerra Mundial, o norte da África começou a reivindicar sua independência. A Líbia conquistou a independência da Itália em 1951. Tunísia, Marrocos, Mauritânia e Argélia enfrentaram uma luta prolongada para conquistar a independência dos franceses, que só terminou em 1956, quando os franceses concederam a independência total ao Marrocos e à Tunísia. A Mauritânia conquistou a independência em 1960, e a Argélia se tornou independente em 1962.

1805-1848

VICE-REI DO EGITO

Depois de séculos sob domínio do Império Otomano, um oficial do exército chamado Muhammad Ali assumiu o poder no Egito. Ele não só trouxe estabilidade, mas ajudou a alavancar a economia e a influência do país. Muhammad é considerado por alguns como o pai do Egito moderno.

c. 6000-3000 a.C.
AGRICULTURA NEOLÍTICA

Com o tempo, a caça e a coleta deixaram de ser os principais meios de sobrevivência. As pessoas desenvolveram um estilo de vida mais estável à medida que a agricultura foi introduzida e animais foram domesticados.

c. 3000-30 a.C.
ANTIGO EGITO

A civilização do Antigo Egito durou milhares de anos, governada por reis e rainhas chamados de faraós. Ela é conhecida por sua cultura altamente distinta e suas inúmeras conquistas, incluindo enormes pirâmides de pedra que foram construídas como túmulos para seus faraós. Muito religiosos, os antigos egípcios adoravam diversos deuses e deusas e acreditavam na vida após a morte. Quando uma pessoa importante morria, seu corpo era preservado por meio de um processo denominado mumificação.

c. 800 a.C.
FUNDAÇÃO DE CARTAGO

A cidade de Cartago, que se localizava na atual região da Tunísia, foi fundada depois que os fenícios — uma civilização de comerciantes marítimos originários da região onde hoje se localizam o Líbano e a Síria — invadiram a costa do Mediterrâneo. Com o tempo, Cartago se tornou a rica e poderosa capital do Império Púnico devido a sua impressionante rede de rotas comerciais.

1130-1269
A DINASTIA ALMÓADA

A dinastia Almorávida foi sucedida pelos Almóadas, que conseguiram conquistar toda a costa norte-africana e unir todos os berberes em um único império. Apesar de manter Marraquexe como seu centro de poder no norte da África, eles fizeram de Sevilha sua capital na Espanha.

SÉCULOS XVI a XX
COLONIZAÇÃO DA ÁFRICA DO NORTE

A partir do século XVI, as potências europeias começaram a compreender as vantagens de dominar territórios na África. No início do século XX, todo o norte da África havia sido colonizado pelos europeus. A Itália havia consolidado o poder sobre a Líbia; o Marrocos era um protetorado francês; a Argélia, a Mauritânia e a Tunísia estavam sob controle francês; e o Egito era um protetorado britânico.

SÉCULOS XVI a XIX
A DOMINAÇÃO OTOMANA

Após o declínio das dinastias berberes, todo o norte da África, com exceção do Marrocos, caiu sob o domínio otomano (turco) até o século XIX.

POVOS E CULTURAS DO NORTE DA ÁFRICA

Historicamente, o norte da África foi habitado pelos berberes com nômades tuaregues e alguns outros grupos locais. Apesar de séculos de invasões, colonização e domínio estrangeiro, o norte da África conseguiu manter uma identidade única e uma rica herança cultural. A chegada do Islã na região, como resultado da conquista árabe no século VII, teve uma grande influência na cultura, na língua e na religião.

BERBERES

O povo berbere, também conhecido como "Amazigh", é uma comunidade de pessoas que vivem no norte da África há séculos e são considerados os primeiros habitantes da região. Até o norte da África ser conquistado pelos árabes, os berberes dominavam a região. Hoje, eles vivem no Marrocos, na Argélia, na Líbia e na Tunísia, e em algumas outras regiões do continente. Sua cultura é reconhecida por seu artesanato, suas vestimentas e sua arquitetura inconfundíveis.

O termo **"AMAZIGH"** significa "pessoa livre" na língua indígena *Tamazight*.

TUAREGUES

Os tuaregues são um povo nômade descendente dos berberes do norte da África e são muçulmanos desde o século XVI. Eles têm seu próprio idioma, denominado Tamasheq, e são chamados de "homens azuis do Saara" por causa das vestimentas índigo que se tornaram sua marca registrada. Eles são conhecidos por viajarem em caravanas de camelos pelo deserto.

EGÍPCIOS

O termo "egípcio" refere-se tanto a um grupo étnico quanto a uma nacionalidade. Foi no Egito que surgiu uma das civilizações mais antigas do mundo, responsável por incríveis criações linguísticas e culturais. Por meio dos hieróglifos, o egípcio se tornou uma das primeiras línguas escritas da humanidade.

BEDUÍNOS

Os beduínos (que em árabe significa "os moradores do deserto") são um grupo originado na Península Arábica e que se espalhou pelo norte da África. Algumas dessas pessoas vivem em barracas, de maneira nômade, pastoreando gado e animais caprinos. Contudo, desde a metade do século XX, muitos deles se estabeleceram em cidades, adotando um estilo de vida moderno.

COPTAS

Os cristãos Coptas são nativos do norte da África. A maior parte deles vive no Egito, mas eles também podem ser encontrados no Sudão e na Líbia. Os Coptas têm um papa próprio e seguem um calendário diferente do restante do mundo cristão. Essa corrente religiosa se separou das demais vertentes cristãs em 451 d. C. depois de uma discordância quanto às naturezas humana e divina da figura de Jesus Cristo. A antiga Igreja Copta foi perseguida pelo Império Romano e permaneceu sendo ameaçada quando o Egito se tornou um país majoritariamente muçulmano. Muitos acreditam que essas perseguições continuam até hoje.

JUDEUS MIZRAHIM E SEFARDITAS

Antes da emigração em larga escala no início da década de 1960, as comunidades judaicas do norte da África estavam entre as maiores do mundo. Os judeus mizrahim, nativos do norte da África, ocupavam a região antes mesmo da chegada do Islamismo. Já os judeus sefarditas foram expulsos de Portugal e da Espanha durante a época do Renascimento.

MAGREB, VALE DO NILO E SAHEL

Os grupos étnicos que vivem no norte da África são divididos pelas regiões do Magreb, do Vale do Nilo e do Sahel (Saara).

Historicamente conhecido como Costa Berbere, nome derivado dos berberes, os principais habitantes da região, o **MAGREB** abrange a Argélia, a Líbia, o Marrocos e a Tunísia. Nessa região, os berberes são maioria e sua língua é falada por cerca de 60% da população. Devido a conquistas ocorridas no passado, também vivem na região árabes, franceses, judeus sefarditas e africanos ocidentais.

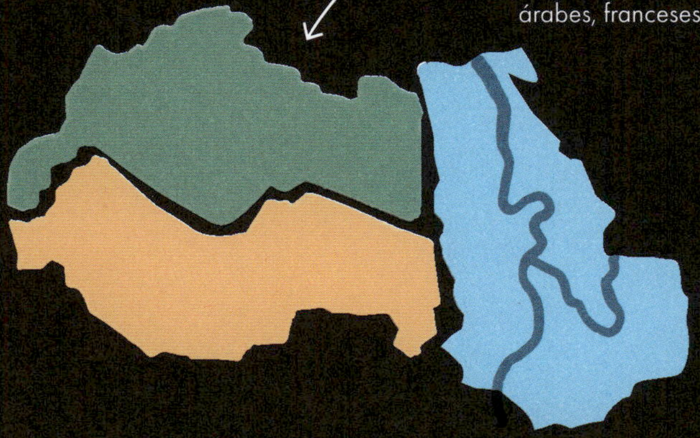

O **SAHEL** é uma região de clima semiárido entre o deserto do Saara, ao norte, e a savana do Sudão, ao sul. "Sahel" em árabe significa "costa" ou "litoral". A maioria dos habitantes do Sahel é tradicionalmente seminômade e se dedica à agricultura e à criação de gado.

O **VALE DO NILO** e seu delta são o lar da maioria dos egípcios.

VIDA SELVAGEM E PAISAGENS

O norte da África tem belas paisagens e áreas com uma biodiversidade impressionante. Ele apresenta quatro principais regiões, e cada uma abriga uma variedade incrível de pequenas e grandes criaturas.

O maior crocodilo da África pode ser encontrado no Nilo. O **CROCODILO-DO-NILO** é um predador agressivo, com uma reputação assustadora, graças a sua poderosa mandíbula, seus reflexos rápidos e sua velocidade. Um crocodilo macho dessa espécie pode chegar aos seis metros de comprimento!

O VALE DO NILO E O DESERTO

O Vale e o Delta do Nilo são formados pelo rio Nilo, que atravessa o Egito. O Nilo flui do sul para o norte através do leste da África e é um dos maiores rios do mundo. O Nilo foi fundamental para o desenvolvimento do Antigo Egito. O solo fértil era ideal para o cultivo de plantações de trigo, cevada e papiro. Naquele período, a planta do papiro era usada para fazer roupa, corda e papel. A maior parte da comida do Egito era cultivada na região do Delta do Nilo, e, ainda hoje, o rio continua sendo uma rota importante para o comércio e transporte não apenas para o povo egípcio, mas também para as populações que vivem na Bacia do Nilo, como a de Uganda.

Os **ÁDAX** fazem parte de uma família antílope e costumam se agrupar no Saara. Eles são perfeitamente adaptados ao deserto, uma vez que precisam de pouca água para sobreviver. Esses animais possuem cerca de 1 metro de altura e são mais ativos durante as noites.

Também encontrada no Saara, a **GAZELA-DAMA**, com seu pelo vermelho-acastanhado e sua barriga branca, é um dos animais mais impressionantes do norte da África. Essa espécie pode viver sozinha ou em grupo e se alimenta principalmente de plantas e árvores.

SAARA CENTRAL

O Saara Central é uma região especialmente árida, com pouca ou quase nenhuma vegetação. Apresenta aspectos físicos muito característicos, como planaltos de rochas e grandes mares de areia, que são áreas extensas cobertas por dunas. As características do deserto incluem dunas de areia, vales secos, lagos secos, desertos de sal e planícies de cascalho. O Saara serve como um divisor geográfico entre o norte da África e a região subsaariana.

CORDILHEIRA DO ATLAS

A Cordilheira do Atlas se estende pelo noroeste da África. As montanhas seguem paralelas à costa, separando o Mar Mediterrâneo do deserto do Saara.

A Cordilheira do Atlas abriga diferentes plantas e animais que são próprios da África. A sua fascinante vida selvagem inclui o macaco-de-gibraltar, encontrado principalmente nas montanhas da Argélia e do Marrocos. Exemplo raro no mundo animal, os machos dessa espécie desempenham um papel importante na criação dos filhotes.

COSTA MEDITERRÂNEA

A costa mediterrânea é a faixa em que o Mar Mediterrâneo encontra a porção terrestre. Esse local costumava abrigar mamíferos, mas essas espécies foram diminuindo em número por não se adaptarem ao Saara.

A maior parte da vida selvagem da região do Mediterrâneo é encontrada em matas e florestas. O **VEADO-BÁRBARO**, também conhecido como cervo-do-atlas, é uma subespécie do cervo-vermelho do norte da África (principalmente do Marrocos, da Argélia e da Tunísia), sendo considerado o único veado nativo do continente. Costuma ter uma pelagem marrom com pontos brancos pelas costas e laterais do corpo, e prefere viver em áreas de florestas densas e úmidas.

As **HIENAS-LISTRADAS** também estão presentes na costa mediterrânea. Essas criaturas selvagens se assemelham a grandes cachorros com focinhos compridos e corpos relativamente magros. Elas são nômades e costumam caçar sozinhas em vez de atacar em grupo. São encontradas principalmente em savanas, florestas e pastagens. A chance de encontrar hienas-listradas nessa região do mundo já foi considerada muito alta, mas, por causa da perda de hábitat e da caça, elas infelizmente estão ameaçadas de extinção.

PERSONALIDADES IMPORTANTES

MOHAMED SALAH (NASCIDO EM 1992)

Mohamed Salah é um jogador de futebol que atua como atacante em um clube da Premier League chamado Liverpool e também é capitão da seleção do Egito. Mohamed, ou "Mo", é conhecido por sua habilidade deslumbrante no campo e por sua generosidade e modéstia fora das quatro linhas. Ao viajar pelo Cairo, certamente você vai se deparar com o rosto de Salah, pois sua imagem está por todos os lados, de roupas de cama até *outdoors* em homenagem ao herói egípcio! Ele é considerado um dos melhores jogadores de futebol do mundo.

NAWAL EL SAADAWI (1931-2021)

Nawal El Saadawi foi uma autora egípcia com mais de 55 livros publicados, ativista, médica e pioneira, que construiu sua reputação incansável e corajosamente em prol dos direitos das mulheres. Durante sua vida, ela defendeu os direitos femininos contra paradigmas sociais e religiosos, sempre lutando por mudanças.

NAGUIB MAHFOUZ (1911-2006)

O autor egípcio Naguib Mahfouz é considerado um dos melhores romancistas árabes do século XX. Prolífico escritor, ele publicou mais de 30 livros e, em 1988, tornou-se o primeiro escritor árabe a ganhar um Prêmio Nobel de Literatura. Grande parte de seu trabalho foi adaptada para a TV e o cinema. Seus romances retratam a vida de pessoas comuns vivendo no Cairo.

AHMED H. ZEWAIL (1946-2016)

Em 1999, Ahmed H. Zewail ganhou o Prêmio Nobel de Química e se tornou o primeiro árabe a receber tamanha honraria em qualquer área das ciências. Seu trabalho estava relacionado a uma técnica revolucionária que ele havia desenvolvido para estudar detalhadamente as reações químicas. Ele também se destacou por defender a educação científica e as pesquisas no Egito e no Oriente Médio.

HISHAM MATAR (NASCIDO EM 1970)

Hisham Matar é um premiado romancista líbio-britânico. Em 2017, ele conquistou o prestigioso Prêmio Pulitzer de Biografia por seu livro de memórias chamado *The Return*. A obra descreve a jornada de sua volta à Líbia em 2012, quando foi investigar o desaparecimento de seu pai, que era uma figura política proeminente.

HASSAN HAJJAJ (NASCIDO EM 1961)

Hassan Hajjaj é um artista marroquino reconhecido por seu trabalho colorido bastante influenciado pela *pop art*, pelo *hip hop*, pela moda e por influências herdadas do norte da África. Hajjaj costuma usar fotografias, filmes e tecidos pintados para representar suas ideias vibrantes e divertidas.

CURIOSIDADES

GOSTOS MUSICAIS

O norte da África abriga uma cena musical emocionante e em constante evolução. Cada país oferece novos elementos para que a cultura local floresça. A Argélia apresenta um *pop* rebelde chamado "Raï", cujas raízes derivam do folclore tradicional. Desde sua emergência na década de 1920, o "Raï" tem evoluído conforme incorpora referências diversas, como o flamenco, a canção tradicional francesa, o *jazz*, entre outros estilos.

"Gnawa", outro estilo musical, tem origens no século XII. Essa vertente costuma ser praticada por meio de um instrumento de três cordas chamado guembri. Um estilo que inicialmente foi cultivado por africanos escravizados, que partiram de países subsaarianos até o Marrocos e preservaram tradições e folclores musicais de seus ancestrais. Durante muito tempo as mulheres eram proibidas de tocar "Gnawa", mas esse cenário está mudando e estão surgindo jovens artistas mulheres, como Asmaa Hamzaoui, a primeira musicista a tocar guembri no Marrocos.

Na Mauritânia, o *rap* emergiu como música de protesto por meio de artistas que abordam temas que afetam suas vidas cotidianas, como o racismo, a pobreza e a desigualdade. No Marrocos, "nayda" é um jovem movimento de *new wave* feito por artistas e músicos que seguem a herança cultural da região, cantando letras libertárias e de protesto por meio do dialeto marroquino-arábico chamado "darija".

REALIZAR FESTIVAIS?

Quer se trate do *rock* do deserto, do *jazz* suave ou do *funk pop*, o Marrocos se tornou um dos principais destinos para festivais musicais. O Festival de Mawazine, termo que significa "ritmos do mundo", é o segundo maior festival de música do mundo. Todos os anos, cerca de 2,5 milhões de pessoas desembarcam em Rabat, a cidade onde ocorre o evento, para assistir a *performances* de artistas locais e internacionais. Entre outros festivais que ocorrem no Marrocos estão o Jazzablanca (em Casablanca), o Festival Gnaoua, o Timitar e o Festival de Fez. Algumas das bandas que tocaram nesses palcos são Tinariwen, um grupo de músicos tuaregues da região norte de Mali, e o músico de Guiné Moh! Kouyaté.

UMA NOVA CAPITAL

O Egito em breve terá uma nova capital! Ela está sendo erguida em pleno deserto, a leste da atual capital, Cairo. A cidade ainda não tem um nome oficial e está sendo chamada de Nova Capital Administrativa. A nova capital abrigará uma variedade de arranha-céus, sendo que um desses novos prédios será o edifício mais alto da África. A cidade também vai ajudar a aliviar o congestionamento no Cairo e resolver a questão do atual déficit habitacional.

ARGÉLIA VERDE

A Argélia vem se tornando uma líder em produção de energia limpa no mundo, investindo em recursos naturais e energia renovável, com o objetivo de gerar mais de 27% de sua eletricidade a partir de fontes renováveis até 2030. Atualmente há planos para a construção de diversas usinas solares. O alto nível de radiação solar encontrado no país o faz ser considerado um dos maiores mercados para energia solar no continente. Em 2014 foi criado o primeiro parque eólico do país e desde então há planos para que no futuro se forme uma indústria de energia eólica.

A PRIMAVERA ÁRABE

No fim de 2010, uma série de protestos teve início na Tunísia e se espalhou pelo Egito, pela Líbia e por outras partes do Oriente Médio. As revoltas, conhecidas como Primavera Árabe, foram provocadas por um jovem tunisiano de 26 anos, chamado Mohamed Bouazizi. Ele estava frustrado com a corrupção estatal e a brutalidade policial em seu país. Os protestos que se seguiram acabaram derrubando Zine El Abidine Ben Ali, que governava a Tunísia havia muito tempo. A mudança na liderança do país despertou a promessa de uma sociedade mais aberta e democrática.

ÁFRICA ORIENTAL

Da fascinante história do país independente mais antigo da África, a Etiópia, ao centro de tecnologia de ponta no Quênia, conhecido como Savana do Silício, sem esquecer a impactante inventividade dos cineastas de Uganda. A África Oriental é uma região cheia de personalidade, criatividade e contradições.

A Eritreia está localizada em uma região conhecida como Chifre da África. Outros três países também fazem parte da região: Djibuti, Etiópia e Somália. O nome vem da formação de terra em formato de chifre que compõe a área.

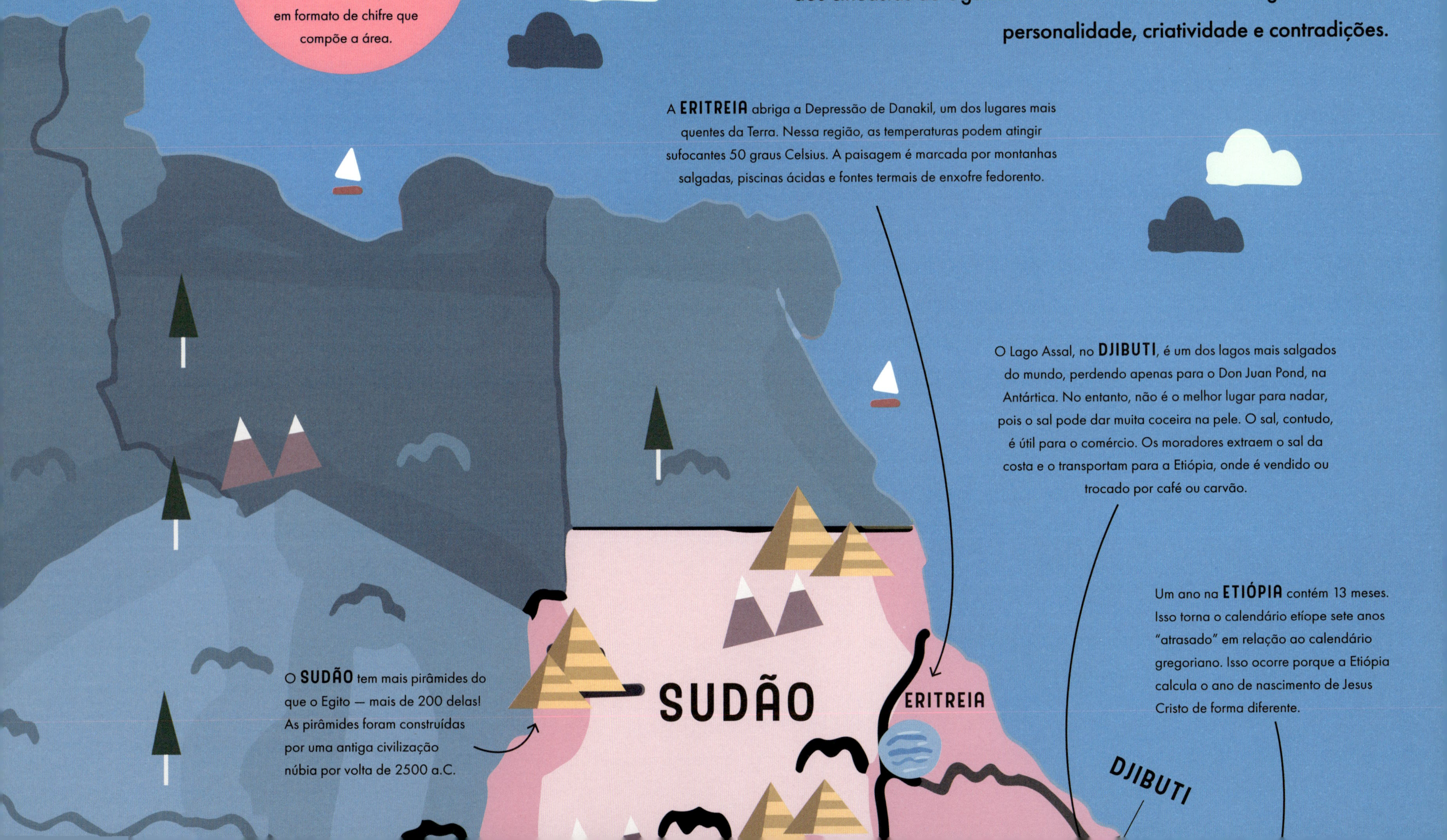

A **ERITREIA** abriga a Depressão de Danakil, um dos lugares mais quentes da Terra. Nessa região, as temperaturas podem atingir sufocantes 50 graus Celsius. A paisagem é marcada por montanhas salgadas, piscinas ácidas e fontes termais de enxofre fedorento.

O Lago Assal, no **DJIBUTI**, é um dos lagos mais salgados do mundo, perdendo apenas para o Don Juan Pond, na Antártica. No entanto, não é o melhor lugar para nadar, pois o sal pode dar muita coceira na pele. O sal, contudo, é útil para o comércio. Os moradores extraem o sal da costa e o transportam para a Etiópia, onde é vendido ou trocado por café ou carvão.

Um ano na **ETIÓPIA** contém 13 meses. Isso torna o calendário etíope sete anos "atrasado" em relação ao calendário gregoriano. Isso ocorre porque a Etiópia calcula o ano de nascimento de Jesus Cristo de forma diferente.

O **SUDÃO** tem mais pirâmides do que o Egito — mais de 200 delas! As pirâmides foram construídas por uma antiga civilização núbia por volta de 2500 a.C.

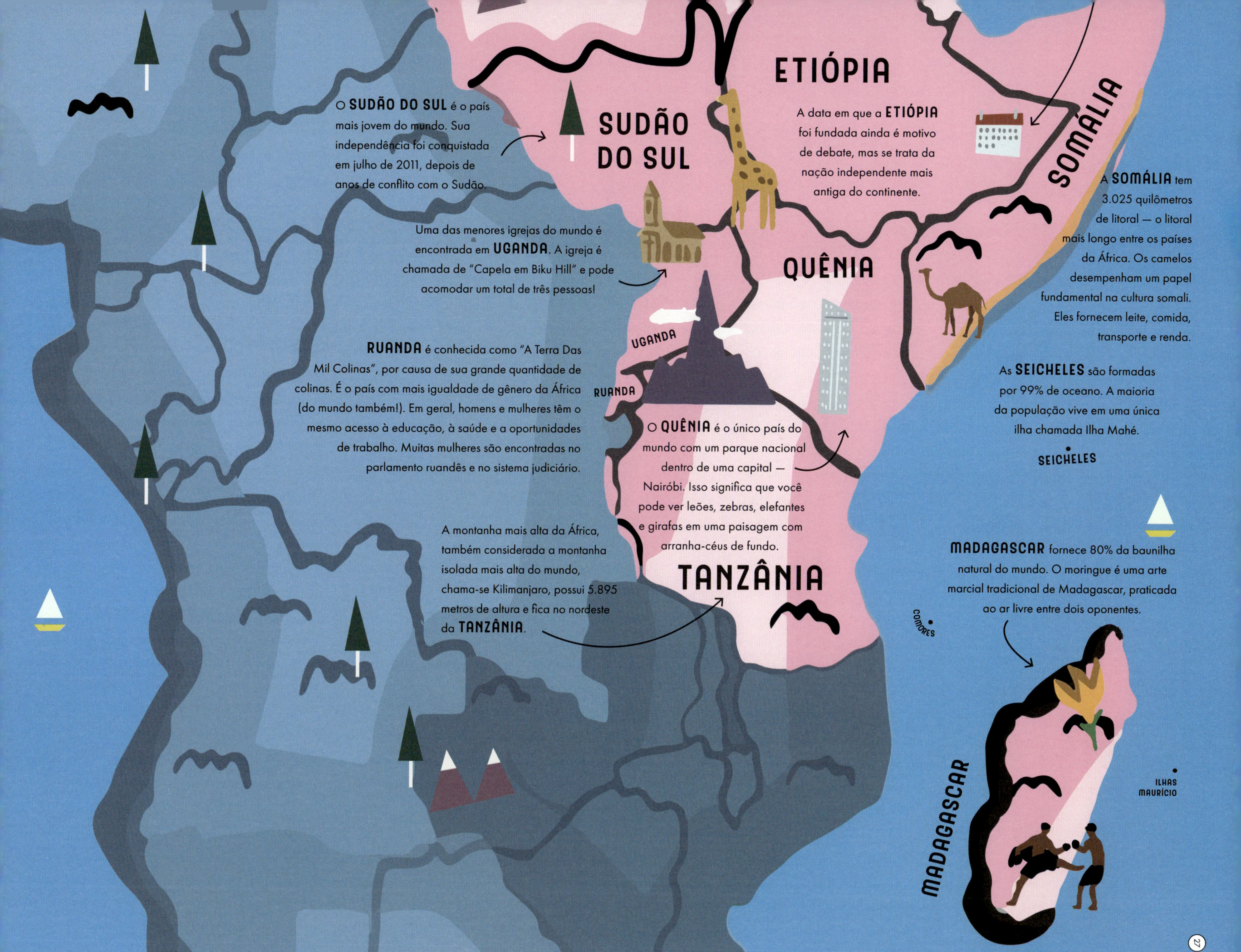

O **SUDÃO DO SUL** é o país mais jovem do mundo. Sua independência foi conquistada em julho de 2011, depois de anos de conflito com o Sudão.

A data em que a **ETIÓPIA** foi fundada ainda é motivo de debate, mas se trata da nação independente mais antiga do continente.

A **SOMÁLIA** tem 3.025 quilômetros de litoral — o litoral mais longo entre os países da África. Os camelos desempenham um papel fundamental na cultura somali. Eles fornecem leite, comida, transporte e renda.

Uma das menores igrejas do mundo é encontrada em **UGANDA**. A igreja é chamada de "Capela em Biku Hill" e pode acomodar um total de três pessoas!

RUANDA é conhecida como "A Terra Das Mil Colinas", por causa de sua grande quantidade de colinas. É o país com mais igualdade de gênero da África (do mundo também!). Em geral, homens e mulheres têm o mesmo acesso à educação, à saúde e a oportunidades de trabalho. Muitas mulheres são encontradas no parlamento ruandês e no sistema judiciário.

O **QUÊNIA** é o único país do mundo com um parque nacional dentro de uma capital — Nairóbi. Isso significa que você pode ver leões, zebras, elefantes e girafas em uma paisagem com arranha-céus de fundo.

As **SEICHELES** são formadas por 99% de oceano. A maioria da população vive em uma única ilha chamada Ilha Mahé.

A montanha mais alta da África, também considerada a montanha isolada mais alta do mundo, chama-se Kilimanjaro, possui 5.895 metros de altura e fica no nordeste da **TANZÂNIA**.

MADAGASCAR fornece 80% da baunilha natural do mundo. O moringue é uma arte marcial tradicional de Madagascar, praticada ao ar livre entre dois oponentes.

O BERÇO DA HUMANIDADE

Estima-se que os primeiros ancestrais humanos tenham surgido no Vale do Rifte na África Oriental há cerca de 300.000 anos. Ao longo dos séculos, a região abrigou impérios e reinos impressionantes, incluindo o Império de Axum, na Etiópia, considerado um dos maiores impérios de seu tempo. Com vários portos comerciais espalhados ao longo da costa leste africana, o local se transformou em um poderoso centro comercial. A história fascinante da região ainda está presente nas tradições, na cultura e nos artefatos da população.

c. 1070 a.C. – 350 d.C.

REINO DE CUXE

O Reino de Cuxe localizava-se na região do atual Sudão, ao sul do Egito. A região chamava-se Ta-Seti, que significa "Terra do Arco" — uma homenagem às excelentes habilidades de tiro com arco de seus habitantes. O acesso a recursos naturais abundantes, como ouro, marfim e ferro, garantiu a riqueza e a influência do reino. Os cuxitas governaram por centenas de anos e, no século VIII a.C, eles conseguiram conquistar e governar o Egito por quase 100 anos. Como resultado, as duas áreas compartilharam laços culturais, econômicos e religiosos.

c. 1137-1974

IMPÉRIO ETÍOPE

O Império Etíope, também conhecido como Abissínia, foi um dos impérios mais duradouros de todos os tempos, tendo sido governado pela dinastia Zagwe por cerca de 150 anos. Ele se desenvolveu na região em que hoje se localizam a Etiópia e a Eritreia. Entre 1200 e 1250, igrejas impressionantes foram esculpidas nas rochas da região. Elas se tornaram locais alternativos para os cristãos, depois que as rotas para Jerusalém foram interrompidas pelas conquistas muçulmanas. Essas igrejas são consideradas um dos locais de culto mais antigos para os cristãos. A partir de 1270, a dinastia salomônica derrubou a dinastia Zagwe. Nesse período, o império conquistou praticamente toda a região que corresponde à Etiópia moderna. O império também lutou contra vários exércitos estrangeiros, incluindo os italianos, os árabes e os turcos, para manter a independência, que durou por centenas de anos. A dinastia salomônica continuou a governar até 1974 quando o último imperador, Haile Selassie, foi derrubado.

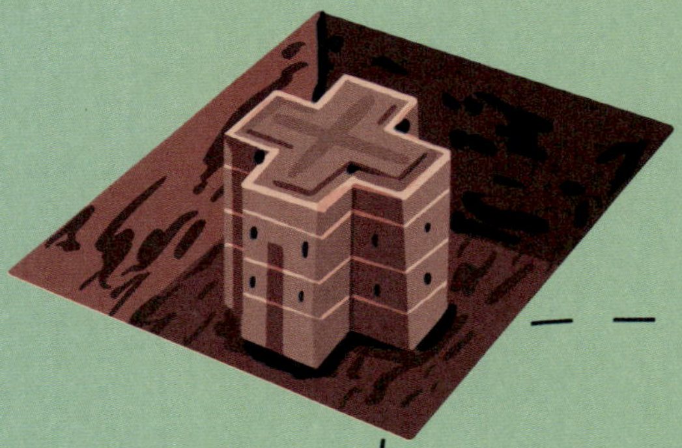

c. 1400-ATUALIDADE

REINO DE BUGANDA

O Reino de Buganda é um dos mais antigos e tradicionais da África Oriental, com uma história que remonta há cerca de 1.000 anos. Ele foi estabelecido depois que um líder conhecido como Kato Kintu conquistou a área e começou a expandi-la, transformando-a em um dos Estados mais poderosos da África Oriental no século XIX. Isso foi em parte devido ao reino ganhar o controle do comércio de sal sobre uma área conhecida como Bunyoro, um antigo reino rival na região dos Grandes Lagos na África Oriental. Em 1966, depois de uma luta poderosa, o reino foi abolido por Milton Obote, o então primeiro-ministro. Só foi restabelecido em 1993 e continua sendo uma parte importante da Uganda moderna. O Reino de Buganda ainda tem um rei, mas sua função é principalmente cerimonial.

GENOCÍDIO DE RUANDA

Entre abril e junho de 1994, quase 1 milhão de pessoas foram violentamente mortas em Ruanda. Esse período sombrio da história pode ser entendido a partir do aumento das divisões étnicas entre os hutus e os tutsis durante o domínio belga. O poder colonial espalhou o mito de que a minoria tutsi era a etnia superior. Com o tempo, ocorreram confrontos em que os tutsis foram atacados pela maioria hutu. Isso acabou levando ao genocídio de 1994, em que os tutsis foram gravemente alvejados e mortos.

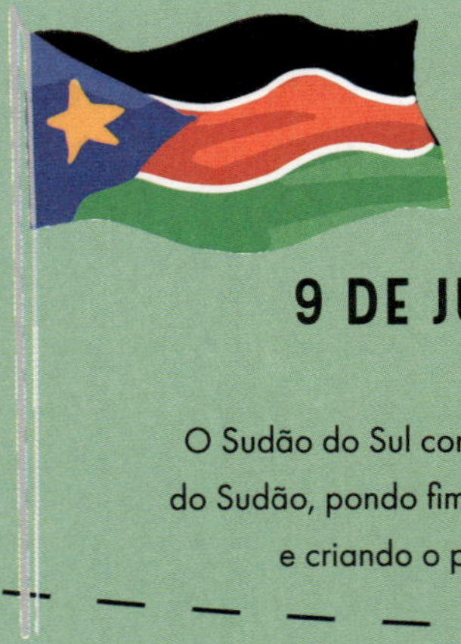

9 DE JULHO DE 2011

UM NOVO PAÍS

O Sudão do Sul conquistou a independência do Sudão, pondo fim a uma longa guerra civil e criando o país mais novo do mundo.

c. 100 a.C.–700 d.C.

IMPÉRIO DE AXUM

O Império de Axum se localizava no Chifre da África, na atual região do Tigré, no norte da Etiópia. No coração do reino estava a cidade portuária de Adulis — um próspero centro comercial. Comerciantes do Egito, da Índia, da China e do Oriente Médio iam para o local para comprar sal, marfim, esmeraldas e animais; e eles, por sua vez, vendiam seu ferro, sua vidraria, suas armas e seu vinho. O legado desse poderoso reino antigo pode ser visto hoje nos monumentos, na arquitetura e nas moedas que foram criadas em ouro, prata e bronze. Axum também tinha sua própria escrita chamada de Ge'ez, que ainda está em uso na Etiópia.

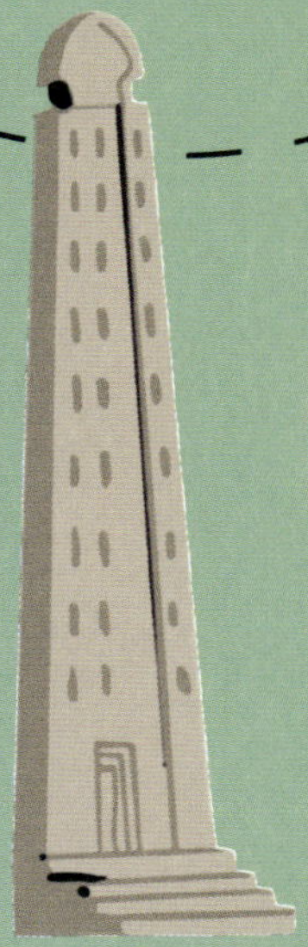

No século IV, quando o **CRISTIANISMO** se espalhou do norte para o leste da África levado por comerciantes e viajantes, Axum tornou-se um dos primeiros Estados subsaarianos a adotar a religião. A chegada de comerciantes árabes às áreas costeiras da África Oriental e à ilha de Zanzibar impulsionou o crescimento do **ISLÃ**, que atingiu outras regiões da África Oriental entre os séculos VIII e X.

c. 800–1800

KILWA KISIWANI

Outro notável império da África Oriental foi o Kilwa Kisiwani, que significa "ilha dos peixes". Localizada na costa da Tanzânia, a ilha tornou-se um rico porto comercial. Com acesso a excelentes rotas comerciais, a ilha era capaz de exportar especiarias e cascos de tartaruga. Comerciantes da Índia, da China e de partes da África também levavam suas mercadorias para o porto. Os vestígios arquitetônicos desse grande reino ainda podem ser visitados. Talvez o mais notável seja a Grande Mesquita, que é uma das mais antigas da costa leste da África.

1952–1960

A REVOLTA DOS MAU MAU

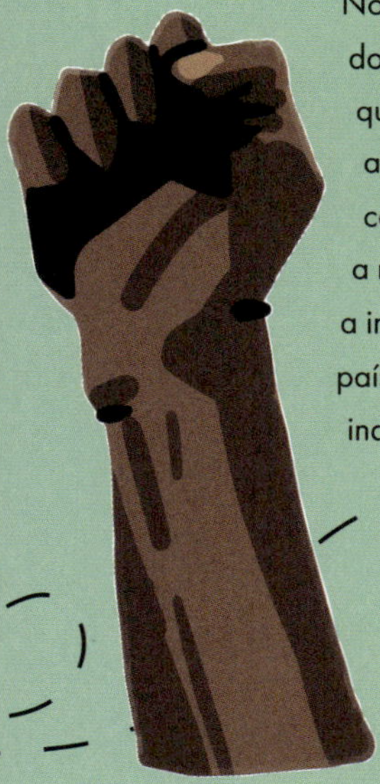

No final do século XIX, grande parte da África estava sob domínio colonial. No Quênia, membros da comunidade Kikuyu, que havia perdido terras para colonos brancos, iniciaram um ataque armado contra as desigualdades e as injustiças. Os combatentes eram conhecidos como os Mau Mau. Embora a revolta tenha sido anulada, a rebelião ajudou a provocar a independência do Quênia em 1963. Depois disso outros países da região também buscaram e conquistaram a independência do domínio colonial.

1968

UMA DESCOBERTA IMPORTANTE

Em 1968, um homem chamado Peter Nzube descobriu um crânio de *Homo habilis* (que significa "homem habilidoso") de 1,8 milhão de anos na Garganta de Olduvai, na Tanzânia. Essa e outras descobertas no desfiladeiro ajudaram a confirmar que os primeiros humanos evoluíram na África. A área continua sendo um dos sítios fósseis mais importantes do mundo.

MARÇO DE 2007

REVOLUÇÃO DO DINHEIRO MÓVEL

Um sistema de transferência de dinheiro chamado M-Pesa foi lançado no Quênia, permitindo que o dinheiro passasse a ser transferido a partir de um telefone celular básico. O sistema se expandiu rapidamente para outros países e se tornou uma parte importante da economia africana, ajudando as pessoas a pagar as contas, receber salários e comprar seguros. O sucesso do M-Pesa lançou luz sobre a promessa e o potencial das empresas de tecnologia financeira de rápido crescimento da África.

OUTUBRO DE 2004

UMA VITÓRIA HISTÓRICA

A ecologista e ativista queniana Wangari Maathai fez história ao se tornar a primeira mulher africana a ganhar o Prêmio Nobel da Paz. Ela foi premiada pelo seu trabalho em prol dos direitos humanos e da conservação ambiental.

POVOS E CULTURAS DA ÁFRICA ORIENTAL

A África Oriental é uma mistura fascinante de pessoas, culturas e línguas. Embora os países da África Oriental tenham muito em comum, também existem inúmeras diferenças entre eles. Um fator em comum é a língua suaíli, falada amplamente em toda a região, incluindo Tanzânia, Quênia e Uganda, bem como por alguns grupos na Somália e em Ruanda. Outro fator em comum é a religião, sendo o Islamismo e o Cristianismo as religiões dominantes. O Islamismo predomina em partes do Chifre da África, no leste do Quênia e na Tanzânia. O Cristianismo é a religião dominante no restante da região. Como em outras partes da África, as práticas espirituais tradicionais africanas às vezes são cultivadas em sincronismo com o Islamismo ou o Cristianismo.

O MAIS ALTO: O DINKA

No Sudão do Sul, o povo Dinka constitui a maioria da população, que é famosa por sua estatura elevada. Alguns homens Dinka atingem a altura impressionante de mais de 2 metros. Não está claro por que algumas pessoas Dinka crescem tanto, mas esse atributo físico pode ser realmente útil. Manute Bol, por exemplo, foi um jogador de basquete sul-sudanês que ingressou na National Basketball Association (NBA) em 1985. Com mais de 2 metros, ele foi um dos jogadores mais altos da NBA e ficou muito acima de seus companheiros e rivais!

O MAIS RÁPIDO: O KALENJIN

Os quenianos têm a reputação de bater recordes em corridas de longa distância, e a maioria desses atletas vem da mesma comunidade queniana, a Kalenjin. Nos Jogos Olímpicos e nos Campeonatos Mundiais de Atletismo, os corredores quenianos atraem os olhares devido ao seu favoritismo para conquistar medalhas nas distâncias de 5.000 metros, 10.000 metros e em maratonas. Em 2019, os atletas de Kalenjin conquistaram cerca de 73% de todas as medalhas de ouro do Quênia! Os cientistas realizaram estudos para tentar entender esse fenômeno, que foi relacionado à alta altitude em que os atletas de Kalenjin treinam, aos seus genes e até a sua dieta.

O MAIS DIFÍCIL: O AFAR

Imagine viver em um lugar de calor intenso, secas e vulcões. Durante séculos, os Afar do DJibuti viveram em um ambiente hostil ao norte do Vale do Rifte, de onde extraem sal para ganhar a vida. Os Afar constituem uma comunidade transfronteiriça, que habita territórios na Etiópia e na Eritreia, onde vivem como pastores. Os homens Afar são famosos por seus penteados afros e longos cachos. Eles costumam cobrir os cabelos com manteiga para protegê-los do sol. Geralmente vestem uma toga de algodão e carregam uma adaga curvada no cinto, conhecida como jile, usada principalmente como acessório, mas que também serve para lutar.

OS AMANTES DA NATUREZA: OS MAASAI

No Quênia e no norte da Tanzânia existe um grupo étnico que vive em forte conexão com a natureza. Durante séculos, os Maasai viveram ao lado de leões, leopardos, elefantes e gnus. Seu estilo de vida gira em torno do gado. Eles caminham longas distâncias com seus rebanhos em busca de pastagem. Os Maasai são conhecidos por seu traje característico, que inclui um manto Maasai ou um shuka, pano vermelho, que os ajuda a suportar o clima severo. Eles têm seus próprios costumes, como a tradicional dança do salto conhecida como adumu. A dança envolve homens competindo para ver quem salta mais alto — quem obtém sucesso pode escolher quem será sua esposa.

VIDA SELVAGEM E PAISAGENS

A África Oriental é o lar de algumas das mais impressionantes e surpreendentes paisagens e vidas selvagens da África. Você vai encontrar cenários de tirar o fôlego, desde os picos das montanhas cobertas de neve do Monte Kilimanjaro até as vastas planícies cobertas de grama, conhecidas como Serengeti. A região também abriga os animais mais extraordinários do mundo, desde o magnífico gorila-das-montanhas, que pode ser encontrado em Ruanda e Uganda, ao raríssimo leopardo-negro, que foi visto pela última vez no Quênia em 2019.

O SERENGETI

O Parque Nacional de Serengeti é um vasto ecossistema protegido que se estende por mais de 14.000 km² — do norte da Tanzânia até o sudoeste do Quênia. É composto de bosques, pântanos, florestas ribeirinhas e vastas planícies, abrigando um grande número de guepardos, elefantes, gnus, leões, zebras e girafas. O Serengeti é famoso por ser o local da maior migração animal do planeta! Mais de 1,5 milhão de gnus, 300.000 gazelas e 200.000 zebras cruzam as planícies e as florestas do norte da Tanzânia até o Masai Mara, no Quênia, e voltam em busca de comida e água. Os animais viajam cerca de 800 quilômetros durante cada ciclo.

O VALE DO RIFTE NA ÁFRICA ORIENTAL

Avançando por milhares de quilômetros na África Oriental, há uma trincheira profunda que foi causada por uma divisão na crosta terrestre há cerca de 35 milhões de anos. Existem dois braços no Vale do Rifte — o leste e o oeste. O vale é uma vasta planície onde você encontrará algumas das montanhas mais altas da África e os lagos mais profundos. A biodiversidade única da região pode ser admirada em lugares como o Lago Nakuru, um lago raso conhecido por seus flamingos fúcsia. A presença dos elegantes pássaros cor-de-rosa é tão numerosa que o Nakuru é conhecido como "O Lago Rosa".

AS TERRAS ALTAS DA ETIÓPIA

Grande parte das maiores montanhas da África pode ser encontrada nas Terras Altas da Etiópia. Nesse lugar de grande beleza, as montanhas se estendem até a Eritreia, onde são chamadas de Terras Altas da Eritreia. A área abriga animais, como o babuíno-gelada e o lobo-etíope, ameaçado de extinção, que não podem ser encontrados em nenhum outro lugar do mundo. Aves excêntricas também podem ser encontradas nas Terras Altas — espécies como o pintassilgo etíope, o *catbird* abissínio e o corvo-do-mato etíope podem ser vistos por lá.

DESCOBRINDO LUCY

O Vale Inferior do Awash, na Etiópia, tem sido fundamental para moldar nossa compreensão de nossos ancestrais. Foram encontrados na região numerosos restos mortais com cerca de 4 milhões de anos. Em 1974, uma equipe de cientistas fez uma das descobertas mais famosas na área quando se deparou com ossos de aproximadamente 3,2 milhões de anos pertencentes a um ancestral humano que andava ereto sobre dois pés. O esqueleto, denominado Lucy, é uma das evidências mais antigas de nossos ancestrais.

O ARCO-ÍRIS NAS DUNAS MAURÍCIO

Imagine um grupo de dunas que não possui a usual cor de areia, mas sim vários tons: amarelo, verde, vermelho, roxo, azul e violeta. Essas maravilhas coloridas são conhecidas como as Sete Terras Coloridas e podem ser encontradas em Chamarel, Maurício. Dizem que a variedade de cores é resultado da atividade vulcânica.

PERSONALIDADES IMPORTANTES

WANGARI MAATHAI (1940-2011)

Em 1977, Wangari Maathai fundou o Movimento do Cinturão Verde ajudando mulheres a plantar árvores e cuidar da terra. O Movimento ajudou a plantar mais de 50 milhões de árvores. Ecologista e defensora dos direitos humanos, Wangari foi pioneira em muitos aspectos. Ela foi a primeira professora no Quênia e a primeira mulher africana a receber um Prêmio Nobel da Paz, em 2004, por seu trabalho em prol da paz, do desenvolvimento sustentável e da democracia.

WINNIE BYANYIMA (NASCIDA EM 1959)

Winnie Byanyima é uma verdadeira pioneira que já realizou muitas coisas no decorrer de sua longa carreira. Ela foi a primeira engenheira aeronáutica de Uganda e, mais tarde, envolveu-se na política local e foi eleita para o parlamento. Defensora dos direitos das mulheres, Winnie ocupou vários cargos em organizações de alto nível, incluindo a liderança de instituições de caridade, como Oxfam International e UNAIDS (Programa Conjunto das Nações Unidas sobre HIV/AIDS).

HAILE SELASSIE (1892-1975)

De 1930 a 1974, Haile Selassie reinou como o último imperador da Etiópia. Seu título completo era "Sua Majestade Imperial Haile Selassie I, Leão Conquistador da Tribo de Judá, Rei dos Reis e Eleito de Deus". Durante seu governo de décadas, o imperador era visto como um defensor da unidade africana e um líder modernizador. Em 1963, foi o primeiro presidente da Organização da Unidade Africana, precursora da União Africana. Ele chegou a ser considerado um deus por membros da comunidade Rastafári da Jamaica. No entanto, seu reinado não ficou livre de controvérsias, com alguns opositores criticando a forte concentração de poder. O seu legado foi eternizado em canções de artistas, como o músico jamaicano Bob Marley e o cantor etíope Teddy Afro.

HAILE GEBRSELASSIE (NASCIDO EM 1973)

Por crescer em uma fazenda, Haile Gebrselassie tinha que correr longas distâncias para chegar à escola todos os dias (20 quilômetros no total). Mais tarde, ao se tornar um dos maiores corredores de longas distâncias do mundo, quebrando recordes mundiais e ganhando medalhas, ficou marcado por correr com o braço direito dobrado, como se ainda carregasse os livros escolares.

IMAN ABDULMAJID (NASCIDA EM 1955)

Zara Mohamed Abdulmajid, conhecida como Iman, nasceu na capital da Somália, Mogadíscio. Certa vez, quando um fotógrafo a viu na rua e perguntou se poderia tirar uma foto dela, Iman hesitou, mas acabou concordando. Essa foto a ajudaria a se lançar em uma longa e lucrativa carreira de modelo global. Iman passou a modelar e aparecer em algumas das passarelas e capas de revistas mais famosas do mundo. Ela também se tornou empresária de cosméticos e, em 1994, lançou uma marca de cosméticos para tons de pele negra.

ABDULRAZAK GURNAH (NASCIDO EM 1948)

Em outubro de 2021, o romancista tanzaniano Abdulrazak Gurnah ganhou o Prêmio Nobel de Literatura de 2021 por seus escritos sobre o colonialismo e o destino dos refugiados. O Nobel é reconhecido como o prêmio literário de maior prestígio do mundo. Abdulrazak escreveu dez romances e numerosos contos. Seu trabalho se concentra em histórias de migração e deslocamento de refugiados.

CURIOSIDADES

ECONOMIAS DE CRESCIMENTO RÁPIDO

Três economias de crescimento rápido podem ser encontradas na África Oriental: Etiópia, Tanzânia e Ruanda. O forte crescimento econômico está relacionado à diversidade industrial dos países, que não dependem de um setor apenas, mas de atividades variadas, incluindo pesca, turismo, serviços financeiros e manufatura.

LUZES! CÂMERA! AÇÃO!

Nos arredores da capital de Uganda, Kampala, existe um lugar chamado Wakaliga, que abriga uma indústria cinematográfica inovadora e em expansão. Chamado de "Wakaliwood", trata-se da Hollywood de Uganda. Iniciada em 2005 por um cineasta autodidata chamado Isaac Nabwana, Wakaliwood criou mais de 40 filmes de baixo orçamento usando utensílios domésticos do dia a dia, como papel higiênico, cola, frigideiras e cachimbos, para criar efeitos especiais e maquiagens. Um dos filmes mais populares é *Quem Matou o Capitão Alex?* O primeiro filme de ação de Uganda feito com um orçamento inferior a 150 euros.

A "SAVANA DO SILÍCIO"

A próxima grande invenção tecnológica que mudará o mundo poderá sair da "Savana do Silício", no Quênia. A capital do Quênia, Nairóbi, abriga muitas empresas de tecnologia que trabalham para resolver problemas cotidianos por meio de inovações tecnológicas. O nome "Savana do Silício" é uma referência ao polo de tecnologia norte-americano Silicon Valley, na Califórnia.

A CIDADE DO FUTURO

Para estabelecer a reputação do Quênia como um local de inovação tecnológica, o governo queniano está desenvolvendo a Konza Technopolis, um centro de tecnologia de mais de 2.000 hectares. Quando concluída, essa futura cidade africana abrigará várias empresas de TI e uma nova universidade. A construção está em andamento usando materiais de construção "mais verdes" e com foco na construção sustentável. A esperança é que a cidade também crie milhares de empregos.

TORNANDO-SE MÓVEL

A África é líder global em dinheiro móvel, e, em países como Tanzânia e Quênia, o dinheiro móvel é uma parte essencial da vida cotidiana, permitindo que as pessoas transfiram dinheiro por meio de seus telefones celulares. A beleza desse serviço é que você não precisa ter uma conta bancária ou um celular sofisticado para movimentar seu dinheiro. Hoje, na África, existem 100 milhões de contas de dinheiro móvel ativas — muito mais do que em qualquer outro país.

HORA DO CAFÉ

Você sabia que a Etiópia é conhecida como o berço do café? Ela começou a exportar café no século XVII e desenvolveu a indústria no século XIX. Hoje, a Etiópia é a maior produtora de café da África, exportando milhões de sacas anualmente.

ÁFRICA CENTRAL

Os países que compõem a região central da África são incrivelmente únicos, mas apresentam diversas similaridades. Esse trecho abrange toda a Linha do Equador — você encontrará o calor úmido da floresta tropical no Congo, enquanto mais ao norte, no Chade, você irá descobrir a secura do Deserto do Saara. A paisagem é marcada por imponentes cadeias de montanhas, selvas densas e verdejantes, além de cidades modernas e movimentadas.

A África possui a população mais jovem do mundo, com quase 60% da população do continente abaixo dos 25 anos.

A escrita bamum foi introduzida no Reino de Bamum em 1896 pelo Rei Ibrahim Njoya. O sistema de escrita era inicialmente composto de pictogramas, evoluindo depois para incluir caracteres e formar sílabas. Ainda que a escrita não seja amplamente utilizada nos dias atuais, existe um incentivo para que as pessoas continuem a aprender a ler e escrever em bamum, mantendo vivo esse sistema original de escrita.

CHADE teve seu nome influenciado pela presença do Lago Chade, que está localizado na fronteira ocidental do país. A palavra "tsade" significa "lago" ou "grande quantidade de água" em várias línguas locais.

Existem mais de 270 idiomas e dialetos falados em **CAMARÕES**!

GUINÉ EQUATORIAL recebeu esse nome pela proximidade com a Linha do Equador e com o Golfo da Guiné.

As ilhas gêmeas de **SÃO TOMÉ E PRÍNCIPE** já foram responsáveis pela maior produção de cacau no mundo, e por isso ficaram conhecidas como "Ilhas do Chocolate". Atualmente, Costa do Marfim e Gana são dois grandes produtores de cacau.

Quase 90% do **GABÃO** é coberto por florestas. O país abriga mais da metade dos elefantes-africanos típicos de floresta, que são menores do que os que habitam as savanas. Eles apresentam presas retas que apontam para baixo e orelhas arredondadas.

A **REPÚBLICA DO CONGO** é frequentemente chamada de Congo-Brazzaville. Essa forma de se referir ao país ajuda a diferenciá-lo do seu vizinho do leste, a República Democrática do Congo ou RDC. O nome República do Congo deriva do antigo Reino do Congo, que se localizava na região que atualmente corresponde aos territórios de Angola e República Democrática do Congo.

A **REPÚBLICA CENTRO-AFRICANA** abriga cerca de 600 espécies de borboletas de diferentes formas, tamanhos e cores. Uma espécie conhecida como *Papilio antimachus* possui asas marrom-alaranjadas com estrias pretas e uma envergadura que pode atingir 25 centímetros, sendo uma das maiores borboletas do mundo.

Em 1998, pontas de arpões foram encontradas em Katanda, uma região no nordeste do país. Isso revelou aos historiadores que a área atualmente conhecida como **RDC** já era povoada há cerca de 90.000 mil anos.

No **BURUNDI**, as vacas são símbolos de felicidade e prosperidade. Isso se revela na saudação em kirundi "amashyo", que significa "que você tenha muitos rebanhos de gado". A resposta para a saudação é "amashongore", que significa "que você tenha muitos rebanhos de gados fêmeas". Kirundi é uma das línguas oficiais do Burundi.

REINOS CONQUISTADORES E MIGRAÇÃO EM MASSA

Os caçadores-coletores do centro da África pertencem a uma das linhagens mais antigas dos humanos modernos. Suas origens datam de 250.000 anos. A área foi então povoada por grupos bantos, que migraram do oeste para o sul do continente.

c. 3.000 ANOS ATRÁS

A MIGRAÇÃO DOS BANTOS

Foi uma migração maciça de pessoas pela África. As populações que falavam línguas bantos gradualmente deixaram a região centro-oeste do continente e viajaram para o leste e o sul da África. A migração durou cerca de 2.000 anos. Por volta de 500 a. C., alguns grupos alcançaram a floresta tropical do centro do continente, absorvendo ou expulsando os nativos daquela região.

c. 1500-1966

O REINO DE BURUNDI

O Reino de Burundi foi formado em 1500. Era governado por reis, que eram chamados de "mwami", cujo significado é "governante". Abaixo do rei estavam diversos príncipes, que eram responsáveis pelas regiões menores. Em 1890, a Alemanha colonizou Burundi. O país conquistou a independência em 1962, e a monarquia foi abolida 4 anos depois.

Em 1884, os países europeus se reuniram na Alemanha para dividirem entre si a **ÁFRICA CENTRAL** e as demais regiões do continente. Isso foi seguido por um período de dominação colonial que teve um profundo impacto social, econômico e político na região. Dessa forma se iniciou a luta por independência. O ano de 1960 foi bastante significativo para Camarões, República Democrática do Congo, Gabão, Chade, República Centro-Africana e República do Congo, que conquistaram suas respectivas independências.

c. 1600-1900

IMPÉRIO LUNDA

Do início do século XVII até o final do século XIX, o Império Lunda foi a força dominante política e militarmente em uma área que abrangia o norte de Angola, o oeste da Zâmbia e o centro-sul da República Democrática do Congo. O reino prosperou como resultado de suas atividades agrícolas, pesqueiras e siderúrgicas.

1974

O ESTRONDO NA SELVA

Em 30 de outubro de 1974, a cidade de Kinshasa, no Zaire (atual República Democrática do Congo) sediou o que é considerado um dos maiores eventos esportivos de todos os tempos. Diante de uma multidão de 60.000 pessoas e com aproximadamente 1 bilhão de telespectadores em todo o mundo, o lendário boxeador norte-americano Muhammad Ali enfrentou seu rival, George Foreman, e o venceu. O evento foi significativo não apenas por colocar Kinshasa e o continente africano no centro das atenções, mas também por transformar Muhammad Ali em um herói, tanto por seu talento esportivo quanto por sua franqueza na temática da igualdade.

1971-1997

MUDANÇAS DE NOME

Em 1971, o então presidente da República Democrática do Congo, Joseph Mobutu, renomeou o país para República do Zaire e mudou seu próprio nome para Mobutu Sese Seko Koko Ngbendu Wa Za Banga. O Rio Congo se tornou Rio Zaire. Mobutu queria mudar a imagem de seu país alterando seu nome oficial e os de muitas cidades. Isso fazia parte de uma filosofia política chamada "authenticité", destinada a abraçar as tradições africanas e seus nomes. O nome do país voltou a ser República Democrática do Congo, sob a liderança de Laurent Kabila em 1997.

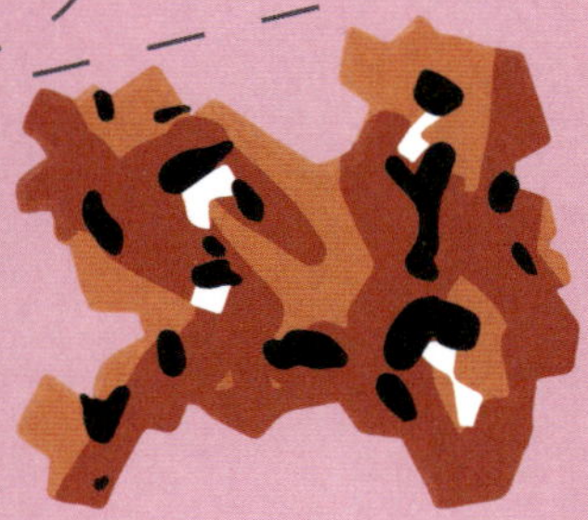

SÉCULO X

O OURO VERMELHO

O cobre teve um papel importante na economia da África Central. Era utilizado como moeda e, em dado momento, passou a ser mais valioso do que o ouro! Escavações arqueológicas indicam que a produção de cobre nessa região ocorre desde o século X. No sul da República do Congo, foram encontradas evidências de que a extração e produção de cobre começou há pelo menos mil anos.

1390-1800

O REINO DO CONGO

Durante esse período, o Reino do Congo era um dos maiores da África Subsaariana. O território ocupava partes que nos dias atuais correspondem a Angola, República Democrática do Congo e República do Congo. O reino era conhecido por sua vasta produção criativa, que variava desde marfins esculpidos intrincadamente a tecidos costurados de maneira fina.

c. 1400-1800

O REINO DE LUBA

No centro do Império de Luba, o rei consagrado era conhecido como "mulopwe", cujo poder era imposto pelos líderes regionais. O povo de Luba era renomado por suas ricas tradições artísticas em esculturas e entalhes de madeiras. Eles usavam uma "lukasa" ou tábua de memória, um objeto de madeira com miçangas e conchas para registrar sua história. A posição, a forma e a cor das contas serviam como ferramentas de memória para os "mbudye", homens e mulheres que trabalhavam como historiadores para o rei. O reino se localizava no atual sudeste do Congo.

c. 1600-1910

O REINO CUBA

O Reino Cuba, também conhecido como Reino Bakuba, foi fundado no início do século XVII. Sob a liderança de Shamba Bolongongo, o reino floresceu comercializando mercadorias como o marfim e expandindo sua agricultura. Atividades criativas, como manufatura têxtil, criação de música e tecelagem, eram incentivadas pelo rei. O reino era composto de numerosos grupos étnicos, como Ngeende, Kel, Bulaang, Ngoombe e os Bushoong.

1965-ATUALIDADE

OS JOGOS AFRICANOS

Em julho de 1965, os primeiros JOGOS PAN-AFRICANOS ocorreram em Brazzaville, no Congo. Cerca de 2.500 atletas participaram do evento. Atualmente, os Jogos Africanos, como são chamados agora, são considerados uma das competições esportivas mais importantes para atletas africanos, que competem em modalidades que vão do atletismo à luta livre.

POVOS E CULTURAS DA ÁFRICA CENTRAL

Apresentando incríveis diversidades étnica, cultural e linguística, a região tem tradições orais impressionantes, derivadas do folclore e da mitologia. Esculturas, estátuas e máscaras feitas à mão são usadas em celebrações especiais, fazendo parte das abundantes arte e cultura presentes na África Central. Como em muitas partes do continente, as pessoas dessa região levam uma vida que mistura o moderno e o tradicional.

OS BA'AKA

Muitos grupos étnicos vivem na Bacia do Congo. Eles são os maiores grupos de sociedades baseadas fundamentalmente na caça nos dias atuais. Os Ba'Aka são um grupo cuja familiaridade com os cheiros e sons da floresta evidenciam a razão pelas quais são excelentes na caça de animais. Atualmente fazem parte da linha de frente de ajuda para proteção e rastreamento de animais ameaçados de extinção, como o gorila-ocidental-das-terras-baixas. Os Ba'Aka às vezes deixam os dentes afiados lixando-os com o auxílio de uma lâmina. Para alguns grupos, esse ritual é um rito de passagem usado para marcar a chegada à puberdade e o início da vida adulta; já para outros grupos, esse hábito tem apenas função estética.

LA SAPE

Brazzaville possui um movimento voltado à moda conhecido como "La Société des Ambianceurs et des Personnes Élégantes", que signfica "Sociedade de Ambientadores e de Pessoas Elegantes". Os membros do grupo, conhecidos como "sapeurs" (integrantes homens) e "sapeuses" (integrantes mulheres), têm bastante orgulho de sua aparência. Eles usam camisas, gravatas, sapatos e ternos de cores vivas e ousadas. A inspiração de sua moda remonta aos dândis da década de 1920, colonos franceses especialmente preocupados com a aparência e habituados a vestir roupas elegantes. No entanto, seus membros aplicaram sua perspectiva africana e original com talento e atitude, expressando sua criatividade na vestimenta.

Os **BAMILEKE** são principalmente agricultores que cultivam culturas básicas, como milho e amendoim. Eles também criam gado. Para eles, as mulheres têm o poder de tornar o solo mais fértil, por isso elas são responsáveis pelo plantio e pela colheita.

OS BAMILEKE

Os Bamileke são um grupo que vive nas pradarias de Camarões, em uma região montanhosa no oeste do país. Os Bamileke se dividem em diversos grupos, e cada um possui seu próprio governante. Frequentemente eles migram e viajam, podendo ser encontrados em todo o país. Os Bamileke são conhecidos por sua arte única, que eles costumam criar para o governante, conhecido como "Fon". As miçangas, as esculturas e outras peças costumam ser produzidas como forma de representação do "Fon".

OS WODAABE

Wodaabe significa "povo do tabu". Eles são um grupo de pastores nômades outrora localizados no Chade, mas que migraram pelo Sahel durante séculos. O grupo possui uma vida relativamente simples, com uma dieta baseada em leite, milho moído, iogurte, carne de bode e carneiro. Os homens Wodaabe participam de uma cerimônia de namoro conhecida como Gerewol. Durante essa cerimônia, os homens se vestem e se exibem para que sejam escolhidos pelas mulheres como maridos. Para que pareçam mais atraentes, os homens pintam seus rostos com uma maquiagem à base de argila, pedras e ossos de animais. Eles também pintam os lábios de preto para enfatizar seus dentes brancos.

OS FANGUES

O povo Fangue pode ser encontrado em Camarões, na Guiné Equatorial e no Gabão. Eles são principalmente caçadores, mas também praticam agricultura. A estrutura social desse povo é baseada em um clã, um grupo de indivíduos com um ancestral em comum. Como os fangues tendem a migrar, eles têm o costume de coletar ossos e crânios de pessoas importantes que morreram. Eles colocam os ossos em recipientes especiais que são decorados com esculturas em madeira. Essas esculturas são chamadas de "bieri", e acredita-se que elas encarnam os espíritos das pessoas colocadas nos recipientes.

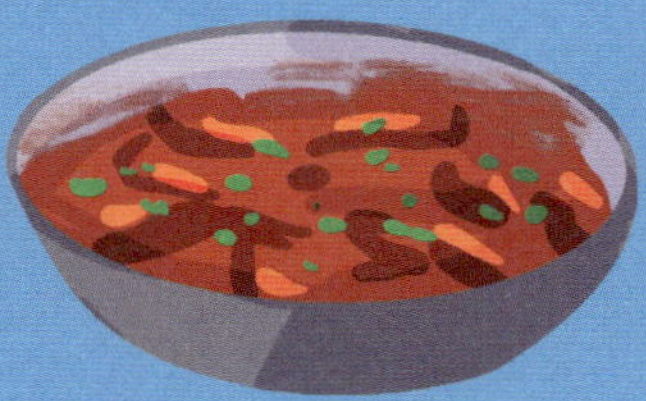

COZINHA

Na cozinha da África Central, a mandioca, a banana-da-terra e o inhame são alimentos básicos. Eles costumam ser servidos ao lado de diferentes ensopados, feitos de espinafre ou amendoim, por exemplo, que costumam ser utilizados pela população local. A banana-da-terra faz parte da família das bananas, mas é maior e possui uma casca mais grossa. Ela não pode ser comida crua, então normalmente é fervida, frita ou amassada. Inhames são raízes com pele marrom e dura. O interior de um inhame pode variar em sua coloração. Mandioca é outra raiz popular que pode ser preparada da mesma forma que fazemos com a batata. Quando o inhame e a mandioca são transformados em pó e misturados com água, podem ser usados para formar uma massa chamada fufu, que geralmente é servida com sopa, ensopado ou carne. Embora a carne bovina, o frango, o bode e o peixe sejam os alimentos mais comuns, muitas pessoas também comem animais selvagens, como javali, antílope, crocodilo e macaco.

MÚSICA

Kinshasa, a capital da República Democrática do Congo, tem sido descrita como "o indiscutível coração musical da África". A música congolesa ultrapassou os limites do país, embalando as pistas de dança pelo mundo! A partir de uma variedade de influências musicais, como o *jazz* americano e a música cubana, artistas congoleses criaram seus próprios gêneros cativantes, como a rumba congolesa ou o *soukous*.

VIDA SELVAGEM E PAISAGENS

Florestas tropicais! Terras Altas da savana! Selvas! A África Central tem de tudo! Você pode experimentar o calor escaldante do deserto do Saara no norte do Chade e navegar no frescor da floresta tropical do Congo, repleta de troncos imponentes e plantas trepadeiras. A África Central é uma das partes mais verdes do continente e abriga uma diversidade de vida incrível. Na região vivem gorilas-ocidentais-das-terras-baixas, chimpanzés, elefantes-da-floresta, búfalos-da-floresta, leopardos, porcos-gigantes--da-floresta e hipopótamos. Esse local extraordinário apresenta uma variedade fascinante de criaturas.

O PODEROSO RIO CONGO

Ziguezagueando por 4.700 km através de sete países do oeste da África Central está o majestoso Rio Congo. Alcançando a profundidade de 220 metros, é o rio mais profundo do mundo, além de ser uma importante fonte de alimentos, transporte e água para cerca de 75 milhões de pessoas que vivem ao redor de sua bacia.

A BACIA DO CONGO

A Bacia do Congo é um labirinto de florestas, rios, pântanos e savanas que se expandem por seis países. Abriga elefantes-da-floresta, búfalos, gorilas-das-montanhas e bonobos, além de milhares de espécies de pássaros, centenas de espécies de peixes e dezenas de milhares de plantas tropicais. Dentro da bacia está a segunda maior floresta tropical do mundo, a Floresta Tropical do Congo. A região é considerada uma das áreas selvagens mais importantes da Terra.

A CORDILHEIRA DE CAMARÕES

Ao longo da fronteira ocidental de Camarões, na divisa com a Nigéria, localiza-se uma cadeia de montanhas em que se destaca a montanha Mongo Ma Ndemi (que significa "Montanha da Grandeza"), também conhecida como Monte Camarões. Com 4.100 metros de altura, é o ponto mais alto da África Central e Ocidental e é um dos vulcões mais ativos do continente. As áreas florestais ao redor do Monte Camarões hospedam parte da maior biodiversidade na região, incluindo muitas plantas raras e animais.

O OCAPI

O ocapi também é chamado de girafa-da-floresta, pois é o único parente vivo das girafas. Com a pelagem marrom e listras brancas nas patas, o ocapi parece uma mistura de zebra e veado. O animal apresenta um pelo oleoso e grosso que o ajuda a permanecer seco mesmo embaixo de chuva. O ocapi habita a densa Floresta Tropical Ituri da República Democrática do Congo. Assim como a girafa, esse mamífero apresenta quatro estômagos, o que o ajuda a digerir plantas resistentes.

O ELEFANTE-DA-FLORESTA

Essa espécie de elefantes pode ser encontrada na floresta tropical na África Central. Eles são menores do que os elefantes-da-savana e vivem em grupos de até 20 integrantes, alimentando-se de folhas, gramas, sementes, frutas e casca de árvore. Por causa da grande quantidade de frutas que eles consomem, são importantes na dispersão de diferentes tipos de árvore através de seus excrementos. Em decorrência disso, esses elefantes às vezes são chamados de "jardineiros da floresta".

O GORILA-DAS-MONTANHAS

Um dos maiores primatas restantes no mundo é o gorila-das-montanhas, que pode ser encontrado nas montanhas do leste da África Central. Eles são primatas poderosos e podem pesar até 180kg! Sua pele e sua pelagem são verdadeiros casacos de pele que os protegem de temperaturas geladas no topo de montanhas. Por muitos anos essa espécie foi ameaçada de extinção em decorrência da caça furtiva. No entanto, graças aos esforços para a conservação desses animais, a população dos gorilas-das-montanhas está aumentando lentamente.

PERSONALIDADES IMPORTANTES

OS BATERISTAS REAIS DO BURUNDI

Os Bateristas Reais do Burundi são considerados um dos melhores conjuntos de percussão do mundo. O grupo foi criado para atuar em celebrações reais que remontam ao século XVI, como nascimentos, investiduras e mortes de reis. Atualmente os bateristas tocam em eventos nacionais, festivais e concertos. Aprender a tocar o instrumento é uma tradição passada de pai para filho. Os tambores são feitos de uma árvore local chamada de D'umuvugangoma, termo que significa "a árvore que faz o tambor falar". Os bateristas são os responsáveis por plantar as sementes das árvores, de modo a garantir que a tradição continue.

PAPA WEMBA (1949-2016)

Papa Wemba foi um músico congolês cujas melodias cativantes renderam a ele o título de "Rei da rumba congolesa". Ele foi considerado uma superestrela na cena musical de *soukous* e rumba, ajudando a exportar a música do país para o restante do mundo.

VÉNUSTE NIYONGABO (NASCIDO EM 1973)

Vénuste Niyongabo surpreendeu o mundo ao conseguir o primeiro lugar e a medalha de ouro na corrida de 5.000 metros entre homens durante a primeira participação do Burundi nas Olimpíadas em 1996. Era apenas a terceira vez que ele corria aquela distância em uma competição internacional, tornando-se até hoje o único "medalhista de ouro" na história do Burundi nas Olimpíadas.

ALDA DO ESPÍRITO SANTO (1926–2010)

Alda foi a primeira autora africana a ter sua obra publicada em português. Também foi uma figura bastante conhecida em São Tomé e Príncipe por sua luta pela independência do país. Ela é a autora da letra do hino nacional de São Tomé e Príncipe, além de ter sido Ministra do Governo, Membro do Parlamento e Presidente da Assembleia Nacional entre 1980 e 1991.

PIERRE-EMERICK AUBAMEYANG (NASCIDO EM 1989)

Pierre-Emerick Aubameyang é o capitão da seleção de futebol do Gabão. Ele jogou por diferentes clubes do futebol europeu, como Saint-Étienne e Borussia Dortmund. Em 2022, passou a jogar pelo clube inglês Chelsea na Premier League. Foi considerado o "jogador africano do ano" em 2016.

MAHAMAT-SALEH HAROUN (NASCIDO EM 1961)

Mahamat Saleh Haroun é um cineasta chadiano. Ele é considerado um dos cineastas africanos mais notáveis, sendo premiado diversas vezes pelos seus filmes "Bye Bye Africa", "Abouna", "Daratt" e "A Screaming Man". Muitos de seus filmes se passam no Chade.

CURIOSIDADES

A AGITADA CENA MUSICAL DE CAMARÕES

Camarões é muitas vezes considerado como uma África em miniatura. Isso é resultado da maravilhosa diversidade geográfica e cultural presente nessa área. O país possui centenas de grupos linguísticos. Essa riqueza na variedade pode ser vista na cena musical agitada do país. Camarões tem produzido músicos icônicos, como o compositor e saxofonista Manu Dibango e o multi-instrumentista Richard Bona. A cena musical está repleta de talentos, como Locko, que fundem o tradicional ao contemporâneo, criando trabalhos únicos.

OS "ROBOCOPS" DE KINSHASA

Se você estiver na animada capital da República Democrática do Congo, poderá muito bem esbarrar em Tamuke, Mwaluke e Kisanga, três policiais de trânsito robôs! Com cerca de 2,5 metros de altura e pesando 250 kg, os robôs ajudam a controlar o trânsito da cidade. Eles são feitos de alumínio e funcionam por meio de energia solar. A criadora dessas máquinas é a empreendedora e engenheira congolesa Thérèse Izay Kirongozi.

A MISSÃO DO GABÃO

Em 2021, o Gabão se tornou o primeiro país africano a receber pagamento relativo à redução de emissão de carbono para proteção das preciosas florestas tropicais. As florestas presentes no país são vitais para a redução do aquecimento global. O Gabão mostrou que conseguiu reduzir o desmatamento e as emissões de carbono em 2016 e 2017 em comparação com a década anterior.

DOCE SINFONIA

A única orquestra sinfônica da África Central é a Orquestra Sinfônica Congolesa Kimbanguista. É renomada por ser composta quase exclusivamente de músicos amadores que aprenderam sozinhos a tocar seus instrumentos. Quando a Orquestra começou, 12 violinistas dividiam cinco instrumentos; assim, cada um praticava por 20 minutos até entregar o instrumento para outra pessoa. Alguns dos instrumentos foram construídos do zero, enquanto outros foram comprados depois de usados. Desde então a orquestra ganhou fama global e viaja pelo mundo mostrando seu talento e engenhosidade.

RDC – O CRESCIMENTO DA RELIGIÃO

Há mais cristãos na África do que em qualquer outro continente. Estima-se que até 2060, seis países entre os dez com maiores populações cristãs estarão na África.
Na República Democrática do Congo, mais de 70% dos habitantes frequentam um serviço religioso semanalmente e 90% dessas pessoas seguem alguma vertente do Cristianismo.

ÁFRICA OCIDENTAL

A África Ocidental é uma região cheia de inovação, dinamismo e criatividade. A região tem uma rica história de poderosos impérios e reinos. Hoje ela abriga empreendedores, gênios da tecnologia, cientistas, artistas e inovadores que estão moldando o futuro do continente.

CABO VERDE é uma nação insular composta de dez ilhas e cinco ilhotas. Desde 1800, muitos cabo-verdianos viajam para fora do país para encontrar trabalho devido à seca e à fome na região. Hoje vivem mais cabo-verdianos no estrangeiro do que em Cabo Verde.

No **SENEGAL** está a pequena Fadiouth, uma região em que quase tudo é feito de conchas descartadas.

O nome da capital de **BURKINA FASO** é Ouagadougou (Wa-ga-Doo-goo). Muitas vezes é abreviado para Ouaga e significa "terra de gente justa" em Mooré, a língua dominante na região.

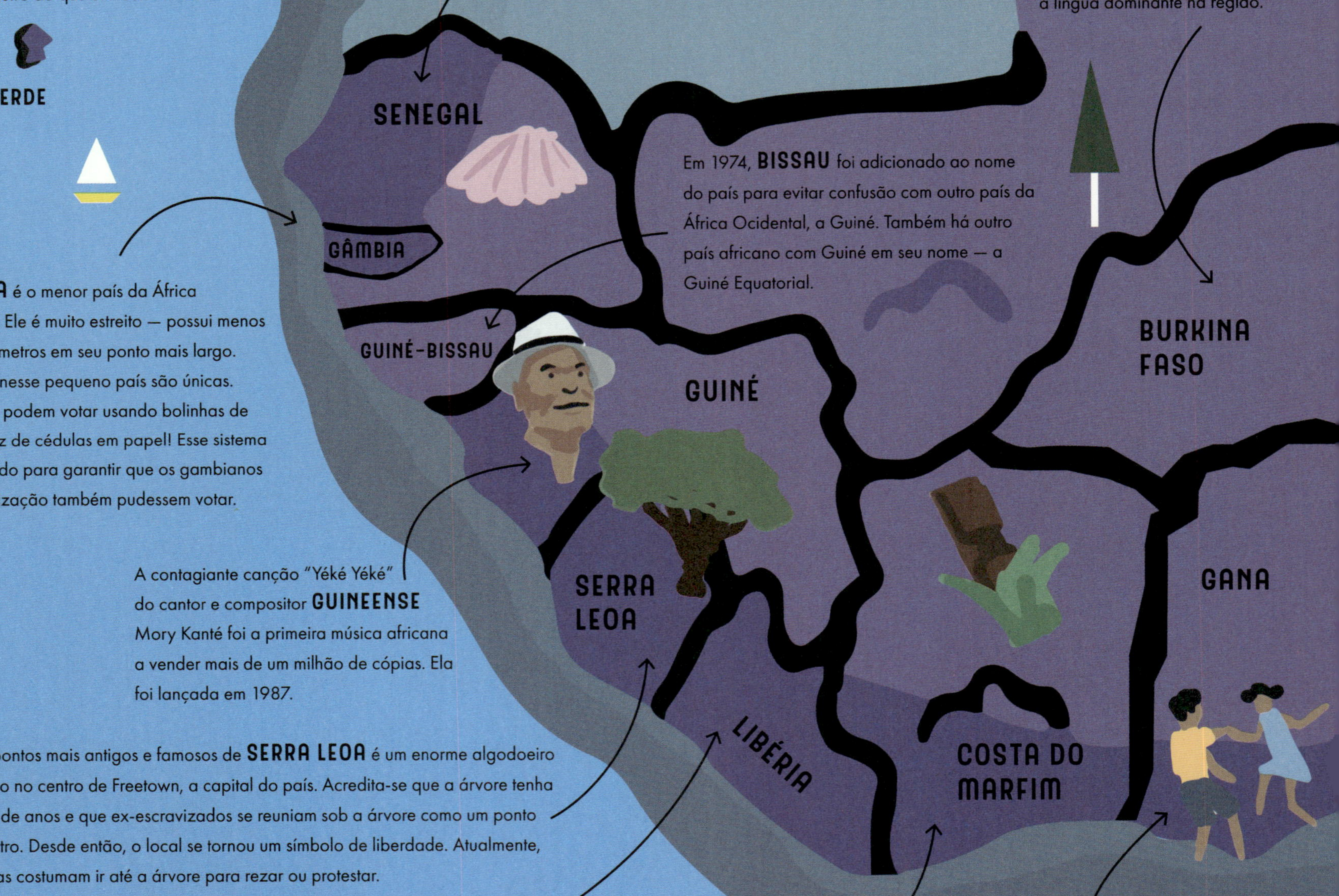

Em 1974, **BISSAU** foi adicionado ao nome do país para evitar confusão com outro país da África Ocidental, a Guiné. Também há outro país africano com Guiné em seu nome — a Guiné Equatorial.

A **GÂMBIA** é o menor país da África Continental. Ele é muito estreito — possui menos de 50 quilômetros em seu ponto mais largo. As eleições nesse pequeno país são únicas. Gambianos podem votar usando bolinhas de gude em vez de cédulas em papel! Esse sistema foi introduzido para garantir que os gambianos sem alfabetização também pudessem votar.

A contagiante canção "Yéké Yéké" do cantor e compositor **GUINEENSE** Mory Kanté foi a primeira música africana a vender mais de um milhão de cópias. Ela foi lançada em 1987.

Um dos pontos mais antigos e famosos de **SERRA LEOA** é um enorme algodoeiro localizado no centro de Freetown, a capital do país. Acredita-se que a árvore tenha centenas de anos e que ex-escravizados se reuniam sob a árvore como um ponto de encontro. Desde então, o local se tornou um símbolo de liberdade. Atualmente, as pessoas costumam ir até a árvore para rezar ou protestar.

LIBÉRIA significa "terra da liberdade". O seu nome está ligado à história do país como um lar para ex-escravizados que voltavam da América para a África.

A **COSTA DO MARFIM** é a maior produtora de cacau do mundo. É provável que as origens de sua barra de chocolate favorita sejam de lá.

Entre os grupos étnicos Akan, Ga, Ewe e Nzema em **GANA**, as crianças recebem nomes de acordo com o dia em que nasceram. Por exemplo, um menino nascido no domingo é chamado de Akwesi e uma menina é chamada de Akosua. E como esses nomes são combinados com outros nomes africanos, religiosos ou ocidentais, geralmente as crianças possuem dois nomes.

Em 1907 foi construído o maior edifício de tijolos de barro do mundo. A Grande Mesquita de Djenné pode ser encontrada no sul do **MALI**, tem quase 20 metros de altura e foi construída em uma plataforma de 91 metros de comprimento. Todo mês de abril, moradores da cidade de Djenné se reúnem para ajudar a renovar as paredes da mesquita durante um festival de um dia chamado Crépissage, que significa "reboco".

O **NÍGER** tem um dinossauro com o seu nome. O Nigersaurus, que significa "lagarto do Níger", foi um dinossauro herbívoro de 9 metros de altura, que viveu há cerca de 110 milhões de anos no que hoje é o deserto do Saara do Níger.

As cobras são reverenciadas no **BENIN**, e é considerado um sinal de boa sorte quando elas cruzam o seu caminho. Existe até um templo de pítons na cidade de Ouidah que abriga mais de 50 cobras.

Nollywood é o nome de uma importante indústria cinematográfica da **NIGÉRIA**. Ela produz cerca de 50 filmes por semana! É também a segunda maior geradora de empregos do país, com mais de 1 milhão de pessoas contratadas.

No **TOGO**, você encontrará magníficas casas em formato de torre conhecidas como "takienta". As casas são construídas em uma região semimontanhosa chamada Koutammakou, que abriga o povo Batammariba. Suas casas-torre são feitas com um aglomerado de oito estruturas de barro e geralmente possuem dois andares.

PODER E PROSPERIDADE

A África Ocidental está repleta de histórias de grandes impérios e reinos fascinantes que surgiram e caíram ao longo do tempo. Sociedades primitivas, como os Nok, e ricos impérios comerciais, como os de Mali, Songai e Gana, demonstram a riqueza do passado do continente. O legado desses impérios e reinos ainda pode ser visto na arte, na música e na arquitetura da região.

c. 500 a.C.–200 d.C.

NOK

Uma das primeiras sociedades conhecidas na África Ocidental, os Nok, era formada por agricultores e metalúrgicos que se estabeleceram perto do rio Níger, onde hoje é a Nigéria. Eles são famosos por suas esculturas marcantes feitas de terracota — as primeiras esculturas conhecidas no continente. Os Nok eram metalúrgicos talentosos, e historiadores encontraram evidências de ferramentas e armas de ferro que datam do século IV a.C.

c. 1200–1800 d.C.

REINO DO BENIN

O Reino do Benin foi fundado pelo povo Edo do sul da Nigéria. Sob a liderança de Oba Ewuare, que também era conhecido como "Ewuare, o Grande", o reino tornou-se um dos maiores e mais conhecidos impérios da África Ocidental durante os anos de 1440 a 1473. Sua liderança visionária resultou em uma próspera capital com uma forte infraestrutura. Oba Euware foi um grande estimulador da arte, incentivando artesãos a criarem peças de alta qualidade. O reino começou a perder a força durante o século XIX, quando membros da família lutaram pelo poder. Em 1897, o Benin foi invadido pelos ingleses, que incendiaram a cidade e saquearam alguns tesouros raros e altamente valiosos, conhecidos como os "Bronzes" do Benin. Muitos deles estão no Museu Britânico e ainda não foram devolvidos! Os britânicos tornaram o reino parte da Nigéria britânica até a Nigéria se tornar independente em 1960.

SÉCULOS XVII A XX

REINO DO DAOMÉ

O único exército feminino do mundo teve origem no Benin. Era um exército treinado, de elite, que contribuiu para o poder militar do Reino do Daomé. Era formado por milhares de mulheres e estava dividido em diferentes regimentos, incluindo fuzileiras, arqueiras e artilheiras. Elas se chamavam N'Nonmiton, que significa "nossas mães". Esse exército impressionante acabou sendo dissolvido durante o colonialismo, quando os franceses começaram sua expansão.

GUERRA CIVIL DA NIGÉRIA

De 1967 a 1970, uma dolorosa guerra civil foi travada na Nigéria. O conflito ocorreu entre o governo nigeriano e o povo Igbo, que se encontra principalmente no sudeste do país. Os Igbos se sentiam cada vez mais marginalizados pelo governo e queriam estabelecer um estado independente, que chamavam de Biafra. Na preparação para o conflito, cerca de 50.000 Igbos foram assassinados. Estima-se que de 1 a 3 milhões de pessoas morreram durante o conflito. No seu auge, até 12.000 pessoas morriam de fome por dia.

6 DE MARÇO DE 1957

UM NOVO DIA PARA GANA

Essa data marcou um dia importante em Gana — quando se tornou o primeiro país subsaariano a conquistar a independência! Como resultado, Kwame Nkrumah, o primeiro líder de Gana independente, tornou-se um símbolo internacional de liberdade. Mais tarde, outros países seguiram o exemplo e lutaram por sua independência.

c. 500-1500 d.C.

O REINO DE IFÉ

Iorubá é um grupo étnico da África Ocidental encontrado na Nigéria, no Benin e no Togo. Na mitologia iorubá, existem diferentes versões sobre como o Reino de Ifé começou. Uma das versões diz que Olodumare, o Ser Supremo, enviou o seu filho, Oduduwa, para criar a Terra. Oduduwa então se tornou o fundador e o primeiro rei do Reino de Ifé. O artesanato de Ifé ainda pode ser visto na forma de objetos espetaculares feitos de latão, cobre, bronze, marfim, cerâmica e madeira.

c. 1235-1600

IMPÉRIO DO MALI

A ascensão do Império do Mali começou em 1235 sob a liderança de Sundiata Keita, "o Príncipe Leão". Sundiata pertencia ao povo Malinke, um grupo étnico encontrado principalmente no sul do Mali. Na época, o Reino Malinke, Kangaba, fazia parte do Império de Gana. Sundiata uniu as pessoas para lutar e derrotar o rei Sumanguru de Gana. A partir daí, Sundiata começou a conquistar mais territórios e a construir o reino que ele chamou de Império do Mali. O mais notável sobre Sundiata foi sua criação da Carta de Kurukan Fuga, também chamada de Carta do Mandinga. Essa carta forneceu uma diretriz oral sobre como as pessoas deveriam viver e se comportar. Ela se concentrou em direitos humanos e em questões como paz, educação e abolição da escravatura. A carta não foi escrita e por isso foi transmitida oralmente de geração em geração.

1700-1900

O REINO DE ASANTE

No século XVII, o que conhecemos como a Gana moderna era composta de vários pequenos grupos de pessoas da comunidade Akan. Esses grupos viviam separados até o início do século XVIII, quando um governante chamado Osei Tutu os transformou em um grande império, o Asante. Ao promover um senso compartilhado de identidade nacional, respeitando e adotando as diferentes tradições dos grupos, Osei Tutu foi capaz de criar um reino vasto e rico. Negociava ouro, tecidos e também pessoas escravizadas, e a riqueza do reino permitia comprar armas da Europa. Durante o século XIX, os Asante travaram várias guerras contra os britânicos, mas uma série de derrotas acabou levando ao enfraquecimento do reino. Hoje, a posição do rei, conhecido como Asantehene, ainda é amplamente respeitada, embora o papel agora seja o de promover e nutrir a cultura Asante.

OUTROS IMPÉRIOS

Entre os séculos X e XVIII, o Níger fez parte de vários impérios da África Ocidental, incluindo os impérios Canem-Bornu, Mali e Songai. O Senegal também se diferencia por ter feito parte de vários impérios da África Ocidental, incluindo o Reino de Gana no século VIII, o Império Tukulor no século XIX e o Império Uolofe dos séculos XII a XIV.

POVOS E CULTURAS DA ÁFRICA OCIDENTAL

A África Ocidental é uma região de enorme diversidade quando se trata de culturas, línguas e pessoas. Na região, são faladas mais de 500 línguas nativas, sendo uma área de surpreendente diversidade e densidade linguística. Embora você possa ver semelhanças na maneira como as pessoas se vestem, comem e vivem de país para país, cada lugar tem sua própria herança, história e personalidade.

OS HAUÇÁS E OS FULAS

Com uma população de cerca de 78 milhões, dentro e fora da Nigéria, incluindo Chade, Gana e Costa do Marfim, os Hauçás são um dos maiores grupos étnicos da África. Os Hauçás vivem principalmente na região norte da Nigéria. Os Fulas são outro grande grupo étnico. Ao longo do tempo, os dois se misturaram e muitas vezes são considerados como um só grupo. O Islã é um componente-chave da identidade étnica deles. Desde que a Nigéria conquistou a independência da Grã-Bretanha em 1960, os Hauçás e os Fulas se tornaram politicamente dominantes.

OS DOGONS

O povo Dogon é um dos menores grupos étnicos da África, formado por cerca de 600.000 pessoas que vivem ao redor das colinas íngremes de Bandiagara, no Mali. Acredita-se que o grupo tenha se originado na margem oeste do rio Níger por volta dos séculos X e XIII. Foi aproximadamente em 1490, que eles se refugiaram nas colinas em uma área próxima a Tombuctu, evitando serem conquistados pelos muçulmanos e depois pelos franceses. Os dogons são mais conhecidos por seu excelente conhecimento astronômico. Eles também têm profundas crenças filosóficas que orientam todos os aspectos de suas vidas. As disputas são resolvidas em um fórum aberto, e viver em harmonia é um dos componentes mais importantes de suas crenças.

RELIGIÃO

O Islamismo e o Cristianismo são as religiões dominantes na África Ocidental. No entanto as comunidades praticam suas crenças cristãs e muçulmanas enquanto observam as crenças e práticas tradicionais — por exemplo, rezando pela chuva em uma mesquita ou fazendo uma dança da chuva.

ARROZ JOLLOF

Jollof é um delicioso prato feito de arroz cozido em um saboroso molho de tomate, cebola e especiarias aromáticas. Pergunte "Quem na África Ocidental faz o melhor Jollof?", e a resposta virá de gambianos, serra-leoneses, nigerianos, ganenses e senegaleses, todos afirmando que o deles é o melhor! As origens do prato remontam ao século XIV e ao antigo Império Uolofe, que se estendia por onde hoje se localizam a Gâmbia, a Mauritânia e o Senegal. À medida que o império crescia, as pessoas começaram a se deslocar pela região, levando o prato com elas. Hoje cada prato de Jollof adotou um toque local.

VINHO DE PALMA

Provavelmente você encontrará uma garrafa de vinho de palma nas mesas de toda a África Ocidental se estiverem celebrando um casamento, lamentando um funeral ou reunidos com a família. É uma bebida alcoólica popular feita a partir da seiva coletada de uma palmeira madura. Para coletar a seiva, um seringueiro sobe até o topo da árvore usando cordas de suporte em volta da cintura, pois as árvores podem ser muito altas — em média, as palmeiras podem atingir até 15 metros de altura! Uma vez que chega ao topo, ele insere um tubo que lentamente transfere a seiva para um pote conhecido como cabaça. Assim que a seiva sai da árvore, ela começa a fermentar, e esse é o processo que a transforma em álcool!

TITÃS DOS TECIDOS

O tecido kente de Gana, o tecido de lama do Mali, os tecidos de lã khasa feitos pelos Fulas, o tecido adire do sudoeste da Nigéria e o tecido akwete feito à mão do sudeste da Nigéria, os algodões estampados da Guiné... Essa é apenas uma pequena lista que mostra por que muitos consideram a África Ocidental o coração da produção têxtil africana! Os estilos, como e quando os tecidos são utilizados variam de país para país, mas todos concordam com a imensa possibilidade de usos. Esses incríveis tecidos também significam que ocasiões especiais, como casamentos na África Ocidental, podem ser ricos eventos visuais que mostram os tecidos locais e diferentes estilos de roupas.

○ **TECIDO DE LAMA DO MALI**, também conhecido como "bògòlanfini", é feito por homens e mulheres. Primeiro, as mulheres confeccionam os fios à mão; depois, os homens os tecem em longas tiras e as costuram. Finalmente, as mulheres tingem os tecidos com lama que foi fermentada em potes de barro durante um ano. O nome "bògòlanfini", traduzido da língua maliana Bambara, significa "pano de lama".

VIDA SELVAGEM E PAISAGENS

A África Ocidental tem uma grande variedade de paisagens, desde as colinas do Togo até os vales aluviais de Gana e de Senegal. Na região você pode encontrar pântanos, desertos, montanhas e florestas — é o lar de uma incrível variedade de criaturas.

A ÁFRICA OCIDENTAL É RICA EM MANGUEZAIS

Ao longo do litoral de Guiné, Gâmbia, Guiné-Bissau, Serra Leoa, Libéria e Costa do Marfim existem regiões costeiras conhecidas como manguezais. Os manguezais são muito importantes, pois fornecem alimento e abrigo para muitos animais na África Ocidental, como crocodilos, tartarugas, macacos e peixes-boi. Nigéria e Guiné-Bissau são os dois países mais ricos em manguezais do mundo, e os manguezais na África Ocidental representam 13% da cobertura florestal de mangues do planeta. Além de fornecer hábitat e ser fonte de alimentos para plantas e animais, os manguezais desempenham um papel economicamente importante, ajudando a manter uma próspera indústria pesqueira.

O MAIOR RIO DA ÁFRICA OCIDENTAL

O rio Níger se estende por mais de 4.000 quilômetros. É o terceiro maior rio da África, ficando atrás apenas do rio Nilo e do rio Congo. Originário das Terras Altas da Guiné, o rio passa por Mali, Níger e Nigéria. Ele fornece água para mais de 100 milhões de pessoas!

AÍ VEM O HARMATÃ!

De novembro até março, um vento seco e cheio de areia varre a África Ocidental desde o deserto do Saara até o Golfo da Guiné. Ele é conhecido como o Harmatã. As nuvens de poeira do Harmatã podem dificultar a visão por centenas de metros. O vento pode ser um grande problema, causando atrasos nos voos e dificultando a vida de pessoas com doenças respiratórias. As tempestades de areia também podem bloquear o sol por dias!

O HIPOPÓTAMO-PIGMEU

Na Costa do Marfim, na Guiné, na Libéria e em Serra Leoa você pode ter a sorte de encontrar um hipopótamo-pigmeu. Essa criatura é muito menor do que o hipopótamo do rio, mas ainda pode crescer até quase 2 metros de comprimento e pesar mais de 250 quilos! Hipopótamos-pigmeus geralmente vivem em florestas densas e áreas próximas a pântanos e córregos. Durante o dia, ficam na água para evitar o ressecamento da pele. À noite, eles se aventuram na floresta em busca de plantas e frutas para comer.

O ÁDAX EM PERIGO DE EXTINÇÃO

O Níger é o lar do antílope ádax, ameaçado de extinção. Existem menos de 100 antílopes ádax vivos no mundo. Ele é um animal incrível que está bem adaptado a climas desérticos e raramente precisa beber água. Sua pelagem muda de marrom no inverno para branco no verão para refletir o calor e mantê-lo fresco. O ádax também tem cascos chatos que o impedem de afundar na areia.

O CARACOL GIGANTE

Um dos maiores caracóis terrestres pode ser encontrado em Gana. Esse caracol pode atingir até 30 centímetros de comprimento! Ele possui órgãos masculinos e femininos e pode produzir mais de 12.000 ovos por ano. Sua dieta é ampla e diferente — pode comer de tudo, desde plantas a carne podre e concreto! Os caracóis extraem o cálcio do concreto para suas conchas.

NINHOS DE TARTARUGA

Cabo Verde é um dos lugares mais importantes do mundo para a criação de ninhos de tartarugas-cabeçudas. Centenas de milhares de tartarugas-cabeçudas escolhem as ilhas como local para desovar. Elas são nomeadas por suas grandes cabeças que sustentam seus poderosos músculos da mandíbula. Infelizmente, muitas praias onde as tartarugas depositam seus ovos estão sendo usadas para o desenvolvimento do turismo. Essa perda de hábitat é uma das razões pelas quais as tartarugas-cabeçudas estão ameaçadas de extinção.

PERSONALIDADES IMPORTANTES

ADENIKE OLADOSU (NASCIDA EM 1994)

Adenike é uma jovem ativista climática nigeriana que trabalha para conscientizar, especialmente mulheres e meninas africanas, sobre os efeitos das mudanças climáticas nos países africanos. Ela iniciou o movimento "Fridays For Future" na Nigéria em 2019 para chamar a atenção para a emergência climática.

ANGÉLIQUE KIDJO (NASCIDA EM 1960)

Angélique Kidjo é uma renomada musicista beninense que ganhou cinco prêmios Grammy. Angélique tem uma carreira criativa e já lançou mais de 13 álbuns. Seu som único funde seus vocais fortes com elementos musicais da África Ocidental e influências de R&B, *jazz* e *funk*.

YENNENGA (C. SÉCULO XII)

Uma guerreira destemida, a princesa Yennenga é uma figura lendária na história de Burkina Faso. Ela viveu em algum período entre os séculos XI e XV, quando lutou contra inimigos para defender o reino de seu pai. A princesa Yennenga deu à luz seu filho Ouedraogo, que significa "o cavalo", que estabeleceu o Império Mossi (conjunto de vários reinos poderosos na região que hoje é Burkina Faso). Atualmente existem várias estátuas e estradas com o nome de Yennenga em Burkina Faso.

DIDIER YVES DROGBA TÉBILY

(NASCIDO EM 1978)

Didier é um famoso jogador de futebol africano. Nascido na Costa do Marfim, foi capitão da seleção marfinense e ganhou o prêmio de Futebolista do Ano duas vezes! Didier jogou pelo Chelsea na Premier League, aposentando-se em 2018. Didier foi igualmente ativo fora de campo falando sobre política em seu país de origem.

CHIMAMANDA NGOZI ADICHIE

(NASCIDA EM 1977)

Chimamanda é uma autora premiada e *best-seller* da Nigéria. Seu livro de 2006, "Half of A Yellow Sun", foi transformado em filme com o mesmo título em 2013. Desde então, ela publicou vários outros livros e seu trabalho foi traduzido para mais de 30 idiomas. Chimamanda recebeu inúmeros prêmios e elogios por seu trabalho, incluindo o Prêmio Feminino de Ficção em 2007, o MacArthur Foundation Fellowship (conhecido como o Prêmio dos Gênios) em 2008 e o National Book Critics Circle Award for Fiction em 2014.

THOMAS SANKARA (1949-1987)

Thomas Isidore Noël Sankara foi um dos mais célebres líderes africanos. Revolucionário carismático, Thomas tomou o poder em 1983 e mudou o nome de seu país de Alto Volta para Burkina Faso. Thomas era considerado um político que falava sobre as necessidades de seu povo. Ele priorizou a educação e redistribuiu a terra para os mais necessitados. Como consequência, vivia uma vida austera. Durante seu tempo no poder, ele proibiu gastos excessivos de políticos, incluindo o uso de motoristas do governo e a compra de passagens aéreas de primeira classe. Muitos em toda a África o viam como um líder inspirador. Thomas foi morto em um golpe militar quatro anos depois de chegar ao poder.

CURIOSIDADES

O NOVO CAPÍTULO DA NIGÉRIA

A Nigéria revelou alguns dos escritores mais amados do mundo, incluindo lendas literárias como Wole Soyinka e Chinua Achebe, que também é chamado de "O avô da literatura africana". Até hoje seu livro "Things Fall Apart" é amplamente lido e ensinado nas escolas. Há também uma nova geração de escritores que estão deixando sua marca. Chimamanda Ngozi Adichie é uma das escritoras mais conhecidas entre a geração mais jovem, e há muitos outros escritores incrivelmente talentosos e em ascensão, como Ayobámi Adébáyo ("Stay With Me"), Helon Habila ("Oil on Water"), Chibundu Onuzo ("The Spider King's Daughter") e Akwaeke Emezi ("Freshwater").

FESPACO: O FESTIVAL DE CINEMA MAIS FAMOSO DA ÁFRICA

Burkina Faso produz um dos maiores eventos culturais do continente — o famoso Festival de Cinema FESPACO em Uagadugu. Fundado em 1969, é o maior festival de cinema da África. Durante uma semana, a cada dois anos, entusiastas e produtores de cinema enchem a capital de Burkina Faso para assistir a dezenas de filmes recém-lançados. Os filmes concorrem para ganhar o Étalon de Yennenga, que é o grande prêmio de melhor filme. O festival é muito mais do que ver o melhor do cinema africano — ele ajuda aqueles que trabalham na indústria a fazer conexões valiosas.

O PROJETO DA GRANDE MURALHA VERDE

A Grande Muralha Verde é um projeto ambicioso e essencial de construir uma parede de árvores de 8.000 quilômetros de comprimento, que se estenderá por toda a África. A muralha atravessará vários países ao longo do Sahel, do Oceano Atlântico ao Oceano Índico. Uma vez concluída, a parede será a maior estrutura viva da Terra. O projeto avançou cerca de 15% e já vem ajudando a dar vida a paisagens degradadas. A muralha é vista como uma solução para a mudança climática, a seca e a fome.

PRODUZIDO NA ÁFRICA

Em todo o continente, há uma nova geração de *designers* de moda em ascensão. Na África Ocidental, as criações de *designers* emergentes e estabelecidos podem ser vistas durante a semana de moda em Dacar (Senegal), Acra (Gana) e Lagos (Nigéria), bem como no crescente número de lojas de moda independentes. Os *designs* mostram estampas, padrões e tecidos exclusivos de diferentes países. Os estilistas trazem sua própria abordagem inovadora e sua história de vida para as peças. Isso torna a indústria da moda africana uma das mais interessantes e promissoras do mundo. Alguns dos estilistas que estão sendo observados na região incluem a *designer* marfinense Loza Maléombho, o *designer* ganense Atto Tetteh, a advogada e estilista nigeriana Lisa Folawiyo e o *designer* beninense Kassim Lassissi.

SUL DA ÁFRICA

O sul da África costuma ser definido como a área que está abaixo da República Democrática do Congo. A região inclui Angola, Botsuana, Reino de Essuatíni (antiga Suazilândia), Lesoto, Malawi, Moçambique, Namíbia, África do Sul, Zimbábue e Zâmbia.

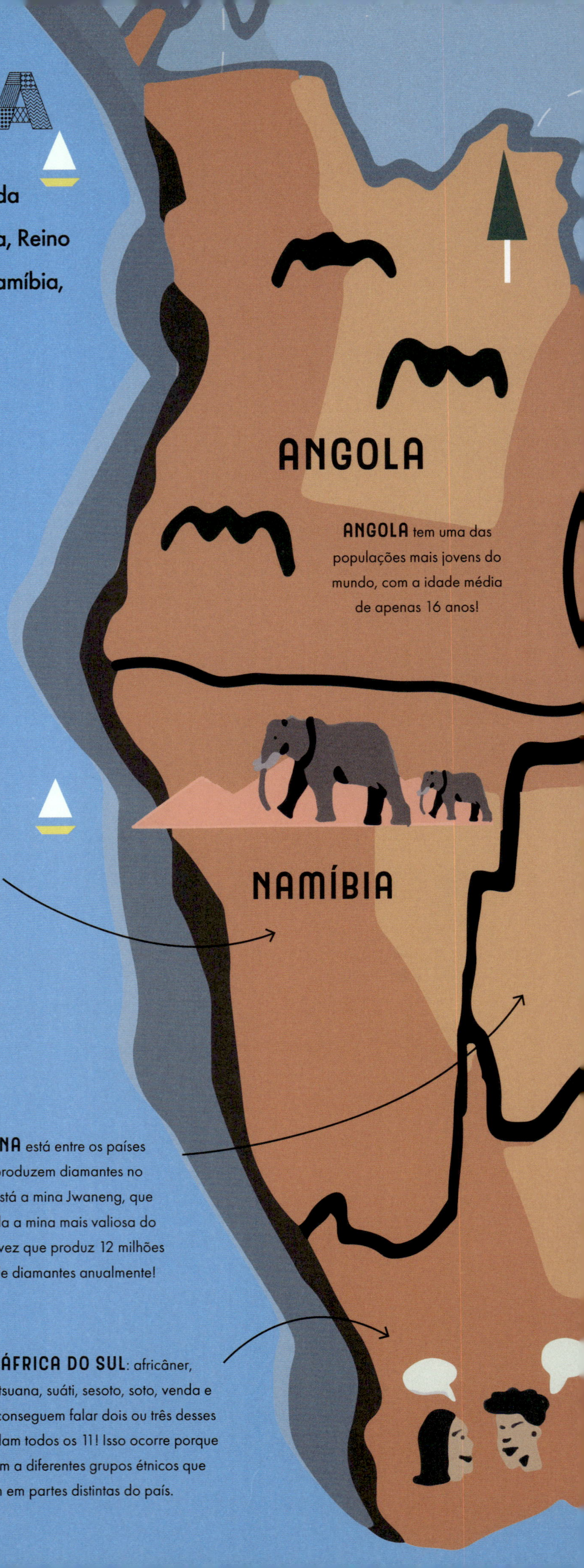

ANGOLA tem uma das populações mais jovens do mundo, com a idade média de apenas 16 anos!

NAMÍBIA abriga os elefantes do deserto, que se adaptaram às condições severas da região. Esses elefantes são mais altos e mais magros do que outras espécies de elefantes e podem ficar sem beber água durante muitos dias. Fora da Namíbia eles são encontrados apenas no Mali. Eles estão ameaçados de extinção por causa da caça furtiva e da perda de hábitat.

A **ÁFRICA DO SUL** possui a nobre distinção de ser o único país que teve dois vencedores do Prêmio Nobel — Desmond Tutu e Nelson Mandela — vivendo na mesma rua, Vilakazi Street, em Soweto.

BOTSUANA está entre os países que mais produzem diamantes no mundo. Lá está a mina Jwaneng, que é considerada a mina mais valiosa do planeta, uma vez que produz 12 milhões de quilates de diamantes anualmente!

Há 11 idiomas oficiais na **ÁFRICA DO SUL**: africâner, inglês, xossa, ndebele, zulu, tsuana, suáti, sesoto, soto, venda e tsonga. Muitos sul-africanos conseguem falar dois ou três desses idiomas, mas pouquíssimos falam todos os 11! Isso ocorre porque muitas das línguas pertencem a diferentes grupos étnicos que tradicionalmente vivem em partes distintas do país.

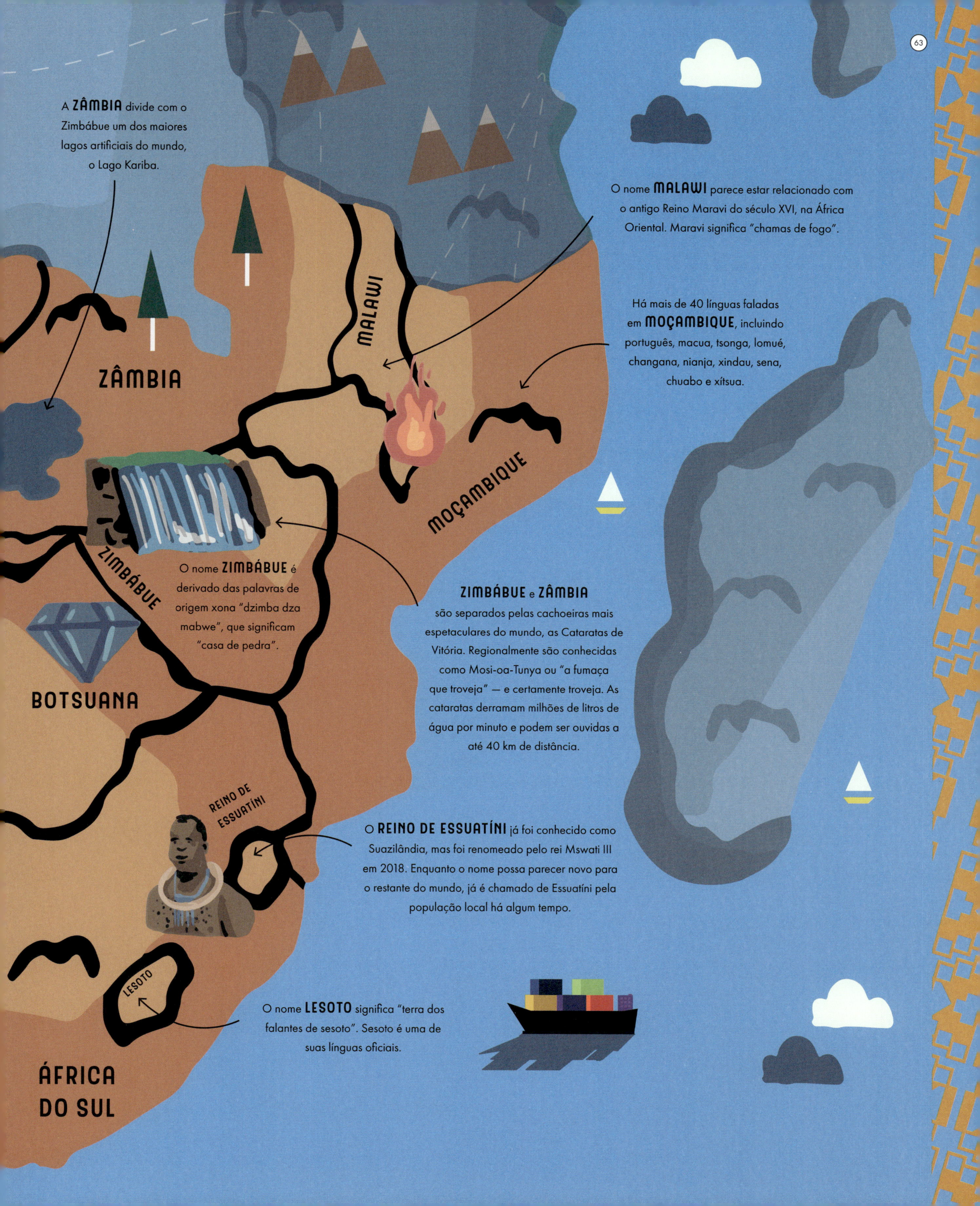

A **ZÂMBIA** divide com o Zimbábue um dos maiores lagos artificiais do mundo, o Lago Kariba.

O nome **MALAWI** parece estar relacionado com o antigo Reino Maravi do século XVI, na África Oriental. Maravi significa "chamas de fogo".

Há mais de 40 línguas faladas em **MOÇAMBIQUE**, incluindo português, macua, tsonga, lomué, changana, nianja, xindau, sena, chuabo e xítsua.

O nome **ZIMBÁBUE** é derivado das palavras de origem xona "dzimba dza mabwe", que significam "casa de pedra".

ZIMBÁBUE e **ZÂMBIA** são separados pelas cachoeiras mais espetaculares do mundo, as Cataratas de Vitória. Regionalmente são conhecidas como Mosi-oa-Tunya ou "a fumaça que troveja" — e certamente troveja. As cataratas derramam milhões de litros de água por minuto e podem ser ouvidas a até 40 km de distância.

O **REINO DE ESSUATÍNI** já foi conhecido como Suazilândia, mas foi renomeado pelo rei Mswati III em 2018. Enquanto o nome possa parecer novo para o restante do mundo, já é chamado de Essuatíni pela população local há algum tempo.

O nome **LESOTO** significa "terra dos falantes de sesoto". Sesoto é uma de suas línguas oficiais.

GRANDES IMPÉRIOS

O sul da África é uma região cheia de criatividade, cor e costumes únicos — desde estilos de vida tradicionais de caçadores-coletores aos sons de batidas de pés que dão ritmo à animada cena musical da África do Sul. A região abriga centenas de grupos étnicos diferentes, como os ovimbundos de Angola e o povo bemba da Zâmbia, cada um com sua herança cultural específica, proporcionando um panorama singular da exuberante diversidade cultural da região.

PALEOLÍTICO, MESOLÍTICO E NEOLÍTICO

Há cerca de 2,6 milhões de anos, no Período Paleolítico, nossos ancestrais começaram a usar ferramentas de pedra para esfolar e cortar carne. Esses utensílios são conhecidos como "ferramentas olduvaienses". Há dois tipos principais de ferramentas de pedra — aquelas feitas a partir das lascas cortadas do núcleo de pedras e outras feitas somente do núcleo dessas rochas. No Período Mesolítico, ferramentas mais avançadas, como as lanças, foram desenvolvidas. Já no Período Neolítico foram criadas algumas ferramentas para caça, como arcos e flechas.

c. XV–XVII
IMPÉRIO MONOMOTAPA

O Reino Xona de Mutapa, governado pelo Monomotapa (ou Mwene Mutapa), foi incrivelmente vasto, percorrendo os rios Zambezi e Limpopo por meio de territórios que atualmente correspondem a Zimbábue, África do Sul, Lesoto, Reino de Essuatíni, Moçambique, Namíbia e Botsuana. A influência e a riqueza do império vinham do comércio de ouro, florescendo entre a metade do século XV e a metade do século XVII. Contudo acabou sendo enfraquecido pela guerra e mais tarde foi conquistado por Portugal por volta de 1633.

Os primeiros europeus a entrarem no sul da África foram os portugueses, que buscavam uma **ROTA MARÍTIMA PARA A ÍNDIA**. Em 1488, o explorador português Bartolomeu Dias navegou ao redor do Cabo da Boa Esperança, localizado no extremo sul do continente africano. Mais tarde, em 1497, Vasco da Gama repetiu essa viagem. Depois disso, outros europeus se utilizaram desse caminho, como os holandeses e os ingleses, que olhavam o Cabo da Boa Esperança como um local conveniente para a parada de seus navios durante o trajeto até a Ásia.

1581–1663
A RAINHA DE NDONGO E MATAMBA

A Rainha Njinga Mbandi foi uma das governantes mais bem sucedidas na resistência à colonização europeia durante o século XVII. Como uma estrategista militar e uma incrível diplomata, ela desafiou diversos governadores portugueses no território onde atualmente se localiza Angola. Além disso, governou por mais de três décadas os reinos de Ndongo e Matamba.

ANOS 1950–ANOS 1990
A LUTA PELA INDEPENDÊNCIA

Na década de 1950, muitos países do sul da África começaram a lutar contra o regime colonial. Eles queriam independência, e a luta para conseguir isso foi longa e brutal. Entretanto, com o passar do tempo, as coisas começaram a mudar, e entre as décadas de 1960 e 1990 alguns países africanos conseguiram conquistar a independência.

c. 3.000 anos atrás

A migração Banto

A migração Banto é considerada um dos movimentos mais importantes da história da humanidade, com enorme impacto na cultura, na economia e na política do continente. Por volta de 3.000 anos atrás, houve uma migração em massa de pessoas na África. As populações falantes de língua banta gradualmente deixaram a região centro-oeste da África e viajaram para leste e sul do continente. A migração durou cerca de 2.000 anos.

Os **BANTOS** desenvolveram uma nova tecnologia metalúrgica por meio da criação de ferramentas de ferro para a agricultura.

1100-1450

O Grande Zimbábue

O Reino do Zimbábue foi um vasto império no Zimbábue Central. Por volta de 1100, as pessoas viviam na cidade de Grande Zimbábue, que se tornou a capital do reino. As ruínas arqueológicas do reino ainda são uma forma impressionante de compreendermos a inventividade e a criatividade daquela sociedade. Mais tarde, no século XV, o império entrou em declínio.

c. 900-1300

O Reino de Mapungubwe

O Reino de Mapungubwe foi a primeira civilização nativa no sul da África. À medida que as comunidades se estabeleceram nas terras férteis do Vale Limpopo, entre Botsuana, África do Sul e Zimbábue, o reino se expandiu, gerando riqueza por meio da agricultura, do ouro e do comércio de marfim. Antes de seu colapso, no final do século XIV, tornou-se o maior reino do subcontinente. Alguns acreditam que o declínio ocorreu por causa da ida de parte da população para o Norte e a consequente fundação do Grande Zimbábue.

1684-1850

O Império Rozvi

O Império Rozvi, que se localizava na região do atual Zimbábue, foi estabelecido por Changamire Dombo. Em 1695, Dombo derrotou os portugueses que tentaram invadir o império e controlar as minas de ouro. Ao fazer isso, ele conseguiu expulsá-los da região.

1860-1960

Colonização

Conforme os colonos europeus avançavam pelo interior do sul da África, eles descobriram diamantes na década de 1860 e ouro na década de 1880. Como resultado disso, durante cerca de metade do século XX, os países do sul da África foram colonizados por Inglaterra, Alemanha e Portugal.

1816-1828

A ascensão do Reino Zulu

Shaka Zulu foi um líder militar que formou o poderoso Reino Zulu em 1818. Esse reino era relativamente pequeno comparado a outras comunidades daquele período. Contudo, como resultado da tática e da organização militar estabelecidas por **Zulu**, eles começaram a conquistar povos vizinhos.

POVOS E CULTURAS DO SUL DA ÁFRICA

Por todo o sul da África há uma variedade de comunidades tribais cujas tradições e práticas culturais têm sido passadas adiante por séculos. Muitas das culturas do sul da África têm uma rica tradição oral em que as informações são passadas por meio de histórias e pelo boca a boca. Isso significa que, embora as histórias fossem passadas de uma geração para outra, havia poucas línguas escritas. Isso fez com que o registro preciso dessas histórias regionais fosse dificultado antes da chegada dos europeus, que documentaram suas próprias experiências e versões dos acontecimentos. Apesar disso, o sul da África tem um forte senso de identidade, com uma incrível variedade de culturas.

O POVO HIMBA DA NAMÍBIA

O povo Himba da Namíbia é um antigo grupo étnico seminômade com atividades pastoreiras, como a criação de gado e de bodes. Na cultura dos Himba, o gado é um sinal de prosperidade. Quando um Himba morre, o número de animais que ele possuía é representado pela quantidade de chifres colocada em sua sepultura. As mulheres Himba são conhecidas por sua distinta pele avermelhada, cuja aparência se dá por esfregarem no corpo uma mistura chamada "otjize", composta pela gordura da manteiga e do ocre vermelho. Acredita-se que essa mistura proteja a pele delas da ação do sol e atue como repelente contra insetos.

OS SÃS

Os sãs de Kalahari, também conhecidos como "basarva", são os primeiros habitantes do sul da África. Eles vivem na região há pelo menos 20.000 anos, e muitos antropólogos os consideram a comunidade humana mais antiga no mundo. Há uma estimativa de que 100.000 sãs vivem no sul da África, principalmente em Botsuana, Namíbia, África do Sul e Zâmbia. Apesar da crescente pressão da modernidade e da mineração, muitos deles estão tentando manter seu estilo de vida baseado na caça e na coleta. Os sãs colhem frutos silvestres, ervas e raízes para alimentação e propósitos medicinais.

OS CHEWA

Os Chewa são o maior grupo étnico do Malawi e estima-se que haja 1,5 milhão deles espalhados pelos territórios da Zâmbia e do Malawi. A crença de que os ancestrais e os espíritos tenham um papel importante na sociedade é central para a cultura do povo Chewa. Essa conexão com o mundo espiritual costuma ser feita por meio da dança praticada pelos indivíduos iniciados no "Nyau", uma sociedade secreta.

OS XOSSAS

Os Xossas compõem o segundo maior grupo cultural da África do Sul. A língua xossa é falada com cliques em seu dialeto. Por exemplo, os sons de X, Q, KR e CG na língua inglesa são letras que formam cliques na pronúncia xossa. As roupas tradicionais dos xossas são feitas de tecido de algodão, sendo adaptadas a modelos e estilos únicos. As mulheres usam vestidos brancos que são decorados com aviamentos nas regiões do pescoço e da bainha, além de um cocar feito de dois ou três materiais com cores variadas. A coloração usada no cocar representa a origem geográfica da mulher que o utiliza.

Na **CULTURA XOSSA**, a pintura facial, que é conhecida como "umchokozo", tem um papel significativo. As mulheres decoram seus rostos com ocre branco e amarelo, utlizando pontos para criar padrões em suas faces. Os tipos de pinturas faciais estão relacionados a diferentes ritos de passagem.

OS XONAS

Na cultura Xona todos possuem um totem chamado "mutupo", usado para representar sua herança, linhagem, origem e identidade. Alguém que não conheça o próprio totem é considerado "perdido", porque isso indica que a pessoa não sabe a própria identidade. Os totens normalmente são animais (elefantes, zebra ou búfalo) que são passados por meio da linhagem paterna, assim como sobrenomes costumam ser passados de geração em geração. Duas pessoas com o mesmo totem não podem casar entre si.

VIDA SELVAGEM E PAISAGENS

O sul da África é famoso por suas belas e variadas paisagens, incluindo florestas, pradarias, áreas costeiras e cadeias de montanhas. As características de vegetação mais comuns da região são os bosques de savana, os bosques secos e as pastagens. Você também encontrará na região alguns dos animais mais icônicos do continente. É o destino escolhido por aqueles que querem observar os cinco grandes animais: elefante-africano, leão, rinoceronte, leopardo e búfalo.

O DESERTO NÃO TÃO DESÉRTICO

O Deserto de Kalahari encontra-se no sul da África e ocupa mais de 70% do território de Botsuana. Contudo, como o Kalahari recebe mais chuva anualmente do que a maioria dos desertos, ele acaba não sendo considerado um verdadeiro deserto. Durante o verão, as temperaturas podem alcançar os 40 °C, enquanto no inverno as temperaturas ficam negativas. Dentro das pradarias secas do Kalahari, você encontrará guepardos, leões, cães selvagens e cobras venenosas, como a biúta. O local também abriga um grande antílope conhecido como "guelengue". Esse animal se adaptou à vida no Kalahari cavando o solo para acessar plantas e raízes ricas em água. Ele também apresenta vasos sanguíneos especiais no cérebro que atuam no mecanismo de resfriamento corpóreo!

O DESERTO MAIS ANTIGO DO MUNDO

O Deserto do Namibe é o mais antigo do mundo — está árido há 55 milhões de anos. Esse deserto é tão antigo quanto vasto, chegando a encontrar o Oceano Atlântico. Ele cobre grandes áreas da Namíbia assim como partes da Angola e da África do Sul. O deserto possui algumas das maiores dunas de areia do mundo — a Big Daddy, em Sossusvlei, tem cerca de 325 metros de altura! Apesar de ser extremamente seco, ele abriga um número diversificado de plantas e animais como a zebra-da-montanha e o pássaro abetarda-do-karoo.

O MAIOR DELTA INTERIOR DO MUNDO

Em Botsuana, você encontrará os pântanos encharcadiços do Delta do Okavango. Local imperdível para quem ama a natureza, ele é uma das "sete maravilhas naturais da África". Sua notável rede de lagoas, rios, ilhas e pântanos atua como hábitat e fonte de comida para muitos animais, répteis, pássaros e peixes.

O CABO FLORIDO!

A região floral do Cabo é uma das mais ricas em plantas do mundo. Mesmo ocupando menos de 0,5% da África do Sul, ela abriga quase 20% da flora do continente.

OS CINCO GRANDES ANIMAIS

As pessoas viajam do mundo todo para tentar dar uma olhada nos cinco grandes animais. Essas criaturas são as primeiras a surgir em nossa mente quando pensamos na vida selvagem africana.

Os **BÚFALOS** são considerados os mais perigosos do grupo e são notórios pelo seu temperamento agressivo. Por causa disso, esses animais nunca foram domesticados.

O **LEÃO-AFRICANO** provavelmente será encontrado vivendo em grupo. Essa espécie geralmente habita os campos de savana e os bosques abertos da Tanzânia, da África do Sul, do Quênia e do Zimbábue. Os machos apresentam jubas — um sinal de sua dominância —, que podem ter até 16 cm de comprimento. Essas jubas ajudam a atrair fêmeas, mas também protegem o pescoço do animal contra lesões causadas durante lutas.

Há dois tipos de **RINOCERONTES** que podem ser encontrados no sul da África — preto e branco. Contudo, apesar de seus nomes, ambos são da cor cinza! Devido à caça furtiva, ilegal, muitos dos rinocerontes africanos selvagens agora são encontrados em apenas quatro países: África do Sul, Namíbia, Zimbábue e Quênia.

Um dos animais mais difíceis de encontrar é o **LEOPARDO**. Eles são criaturas notoriamente tímidas e ótimos alpinistas, gostando de gastar seu tempo em árvores. Sua pele funciona como uma camuflagem, tornando-os difíceis de serem detectados na natureza selvagem.

Filhotes de **ELEFANTE-AFRICANO** podem ter cerca de 1 metro de altura quando nascem!

PERSONALIDADES IMPORTANTES

ALBERT JOHN LUTHULI (1898–1967)

Albert John Luthuli se tornou o primeiro africano a receber o Prêmio Nobel da Paz em 1960. Ele recebeu o Prêmio por seus esforços contra o regime do Apartheid na África do Sul, que separava as pessoas com base na raça. Albert foi um sindicalista e professor sul-africano, que fez campanha contra a política de segregação racial da África do Sul defendendo uma filosofia de não violência.

MARIA MUTOLA (NASCIDA EM 1972)

Maria de Lurdes Mutola foi apelidada de "Expresso de Maputo" por causa de sua velocidade inacreditável! Durante sua carreira como corredora de atletismo, ela quebrou recordes e ganhou numerosas medalhas. Em 1999, ela completou uma corrida de 1.000 metros em local fechado com o tempo de 2:30,94 segundos, estabelecendo o recorde mundial! Nas Olimpíadas de Sydney de 2000, Maria recebeu a primeira medalha de ouro da história de Moçambique em uma corrida de 800 metros e, além disso, em 2008, foi adicionada ao Hall da Fama esportivo da África.

JOYCE BANDA (NASCIDA EM 1950)

Joyce Hilda Banda foi a presidente do Malawi de 2012 a 2014. Ela foi a primeira presidente mulher do país e a segunda presidente mulher da história do continente — uma ativista pelos direitos humanos, nomeada pela Revista Forbes, em 2013, como "A mulher mais poderosa da África". Embora sua posse não tenha sido isenta de controvérsias, sua nomeação fez história.

MIRIAM MAKEBA (1932–2008)

Zenzile Miriam Makeba era conhecida como a "Mama Africa". Cantora e compositora talentosa, ela é creditada como responsável pela exportação da música *pop* africana para o resto do mundo. Talvez ela seja mais conhecida por sua música "Pata Pata", que foi um sucesso mundial. Em 1966, ela ganhou o Prêmio Grammy. Além de ser uma musicista brilhante, Miriam também usou sua voz para protestar contra o regime do Apartheid na África do Sul e, por causa disso, teve de viver três décadas no exílio.

TSITSI DANGAREMBGA (NASCIDA EM 1959)

Tsitsi Dangaremgba é uma das figuras culturais mais aclamadas do Zimbábue e publicou diversos livros bem avaliados pela crítica. Ela é uma romancista, dramaturga e cineasta, sendo a primeira mulher do Zimbábue a publicar um romance em inglês. Sua primeira novela foi "Condições Nervosas", que ganhou o prestigioso Commonwealth na Writer's Prize em 1989.

MPULE KWELAGOBE (NASCIDA EM 1979)

Mpule Keneilwe Kwelagobe foi a primeira mulher negra africana a ganhar o título de Miss Universo em 1999. Com apenas 19 anos na época, foi a primeira pessoa de Botsuana a entrar no Concurso Miss Universo. Ela usou seu título para defender a prevenção contra HIV/AIDS e atualmente é uma modelo de sucesso, mulher de negócios e investidora.

CURIOSIDADES

OS HEREROS COM TRAJES VITORIANOS

Na Namíbia, você provavelmente terá a visão impressionante de mulheres usando vestidos de estilo vitoriano e cores vivas. No início do século XX, a Alemanha ocupou a Namíbia e durante aquele período entrou em conflito com a população herero. Isso resultou em um dos capítulos mais obscuros da história do país, com a perda de aproximadamente 80% da população herero. Embora inicialmente o uso desse traje tenha ocorrido de maneira forçada para essa população, mais tarde ele se tornou um símbolo de resistência. Hoje, as camadas de anágua são vestidas com um capacete feito para se parecer com chifres de vaca.

MÚSICA

A África do Sul é um imenso mercado musical que por décadas tem exportado novidades para o mundo, como as produções de Hugh Masekela e do DJ Black Coffee. A cena musical agitada significa que novos estilos musicais estão constantemente surgindo para ocupar as pistas de dança. "Gqom", um tipo de música eletrônica, e "amapiano", um tipo de música de *jazz*, são exemplos recentes.

OS METALEIROS DE BOTSUANA

Você sabia que Botsuana é a casa de uma entusiasmada comunidade de metaleiros? Os metaleiros de Botsuana usam a música para falar sobre suas vidas. O país tem um número de bandas caseiras e eles tocam de tudo, do *hard rock* ao *death metal hardcore!* Os metaleiros de Botsuana vestem equipamentos de motociclista à moda antiga — couro, correntes e pregos encimados com chapéus de vaqueiro.

ÁFRICA GLOBAL

Entre os séculos VII e XX, muitos africanos migraram à força ou voluntariamente pelo mundo. Hoje existem centenas de milhões de afrodescendentes vivendo fora do continente africano. As maiores comunidades africanas são encontradas principalmente na América do Sul, na América do Norte, na Europa, no Oriente Médio e no Caribe. Os membros da diáspora africana são muito diversos em cultura e aparência e desempenham um papel de grande influência nos países em que vivem.

MIGRAÇÃO FORÇADA

Os maiores movimentos de povos africanos aconteceram por meio do comércio árabe e transatlântico de escravizados. Durante o comércio árabe de escravizados, os africanos foram levados para a Europa, a Índia e diversas partes do mundo árabe. Com o comércio de escravizados no Atlântico, cerca de 12 milhões de pessoas foram levadas da África Central e da África Ocidental para o Caribe e as Américas.

AMÉRICA DO SUL

Os afro-latinos são pessoas de origem africana ou mista que vivem na América Central e na América do Sul. Como a maioria da diáspora africana nas Américas, seus ancestrais foram transportados da África como escravizados para trabalhar nas minas e nas plantações. Os países com maior diáspora africana são o Brasil — onde praticamente metade da população tem herança africana — e a Colômbia. Uma das manifestações mais famosas da cultura brasileira é a capoeira, uma dança que mistura acrobacias e artes marciais desenvolvidas por escravizados africanos. Uma parte importante da cultura brasileira são os estilos musicais, como o samba, que é um elemento-chave do Carnaval, uma festa que atrai turistas de todo o mundo.

CARIBENHOS

Os afro-caribenhos são descendentes de escravizados levados da África durante o comércio de escravizados no Atlântico. Em países caribenhos como Haiti, Jamaica e República Dominicana, a diáspora africana compõe a maioria da população. A cultura vibrante e própria influenciou o resto do mundo. O rum, uma famosa bebida alcoólica, foi inventado no Caribe. Também originaram danças, como o mambo e a rumba, de Cuba, e o calipso, de Trinidad e Tobago. A comida afro-caribenha picante e saborosa também é muito amada. Ela inclui alguns pratos, como frango condimentado, ensopado de cabra e banana frita.

AMÉRICA DO NORTE

Existem mais de 46 milhões de afro-americanos nos Estados Unidos e eles representam mais de 13% da população. Enquanto muitos deles traçam sua história a partir do comércio transatlântico de escravizados, a diáspora africana nos Estados Unidos também é composta de africanos e caribenhos que migraram voluntariamente nos séculos XX e XXI em busca de oportunidades econômicas e melhor qualidade de vida.

Milhões de afro-americanos nos EUA viveram na escravidão até a abolição em 1865. Apesar disso, eles continuaram a enfrentar discriminação e lutaram por direitos iguais por meio do Movimento dos Direitos Civis nas décadas de 1950 e 1960. Hoje, o preconceito racial contra eles ainda é um grande problema na sociedade americana. A luta pela igualdade criou grandes líderes políticos que lutaram pelos direitos civis afro-americanos, como Frederick Douglass, Rosa Parks e Martin Luther King Jr. Em 2009, Barack Obama tornou-se o primeiro presidente afro-americano dos Estados Unidos.

Os afro-americanos possuem forte influência na cultura dos EUA. Estilos musicais como *jazz*, *soul* e *hip-hop* se originaram em suas comunidades, dando ao mundo alguns dos maiores artistas musicais, como Duke Ellington, Aretha Franklin, Stevie Wonder, Jay Z e Beyoncé. Isso também ocorreu em muitas outras indústrias criativas, incluindo a literatura, a dança e a moda. Eles também dominaram os esportes, como o basquete, o futebol americano e o atletismo. Em geral, os afro-americanos são uma fonte de criatividade e inovação na cultura popular dos EUA.

EUROPA

Entre os séculos VIII e XV, os norte-africanos, chamados mouros, invadiram os países hoje conhecidos como Espanha e Portugal. Um observador da época descreveu os invasores mouros: "As rédeas de seus cavalos eram como fogo, seus rostos negros como piche, seus olhos brilhavam como velas acesas, seus cavalos eram velozes como leopardos e os cavaleiros mais ferozes que um lobo em um 'curral'". Os mouros governaram por 800 anos e a área floresceu como um centro de progresso científico em matemática, física e filosofia. No seu auge, a Espanha moura era a parte mais moderna e avançada da Europa. Embora os africanos vivam na Europa há séculos, as comunidades africanas começaram a crescer durante o tráfico de escravizados entre os séculos XV e XIX e também no século XX, quando os africanos migraram para antigas potências coloniais, como França, Inglaterra e Bélgica, em busca de melhores trabalhos e oportunidades de educação.

ORIENTE MÉDIO E ÁSIA

Durante o comércio árabe de escravizados, muitos africanos foram escravizados e levados através do Oceano Índico para trabalhar na Arábia, no Golfo Pérsico e na Ásia. Descendentes dessas comunidades ainda existem em vários países, como Índia, Paquistão, Sri Lanka, Iraque, Irã, Omã e Iêmen. Uma das comunidades mais recentes da diáspora africana está em um distrito conhecido como "Little Africa" em Guangzhou, na China. Com mais de 15.000 migrantes africanos, Guangzhou abriga a maior população migrante africana da Ásia. Muitos dos africanos da área migraram para lá em busca de oportunidades de emprego e iniciaram negócios como comerciantes.

HISTÓRIA DA MIGRAÇÃO PARA O EXTERIOR

Todos nós podemos traçar nossa ascendência genética até a África. Cerca de 100 mil anos atrás, os humanos começaram a migrar para o Norte por causa das mudanças climáticas e da falta de comida. Eles cruzaram a Eurásia (o que hoje conhecemos como Europa e Ásia) e, ao longo de dezenas de milhares de anos, espalharam-se por outros continentes, como Oceania, América do Norte e América do Sul.

C. 100.000 ANOS ATRÁS

Os primeiros grupos da espécie humana saíram da África — o que ficou conhecido como o Grande Êxodo ou a Grande Migração. Como resultado do baixo nível do mar e das pontes terrestres, eles conseguiram atravessar a pé para outros continentes. Outras espécies, como os neandertais, já existiam fora da África, mas apenas o Homo Sapiens sobreviveu.

SÉCULOS VII A XIX

Estima-se que 10 milhões de pessoas escravizadas foram levadas da África Oriental e do Chifre da África para a Arábia, o Golfo Pérsico e a Ásia como parte do comércio árabe de escravizados. Muitos de seus descendentes vivem nesses lugares até hoje.

SÉCULO I A.C. AO SÉCULO VIII D.C.

A migração continuou durante todo o período do Império Romano no norte da África, à medida que comerciantes, mercadores, soldados e escravizados se deslocaram para partes da Europa, do Oriente Médio e da Ásia.

SÉCULOS XV A XVI

Nos séculos XV e XVI, Espanha e Portugal tornaram-se os primeiros países europeus a receber uma grande onda de africanos. Alguns escravizados africanos foram levados para Portugal para trabalhar na pesca e na agricultura. Os escravizados que ganhavam a liberdade trabalhavam em diferentes funções, às vezes como empregados domésticos, padeiros ou operários.

C. 1400-1866

O comércio transatlântico de escravizados levou milhões de africanos para as Américas. Estima-se que mais de 12 milhões de pessoas escravizadas foram capturadas da África Ocidental e Central e levadas para a Europa, o Caribe, a América do Norte e a América do Sul.

ANOS 2010-ATUALIDADE

Na década de 2010 houve um aumento significativo de refugiados africanos migrando para a Europa e a América do Norte. Muitos estavam fugindo da guerra, da violência, da seca e da fome, enquanto outros buscavam uma melhor qualidade de vida. Infelizmente, é comum que alguns migrantes percam a vida tentando chegar à Europa através de rotas mortais no Mar Mediterrâneo.

60.000-80.000 ANOS ATRÁS

A Grande Expansão teve início quando os humanos começaram a migrar em maior número do norte da África para o Oriente Médio, e, eventualmente, espalharam-se pela Eurásia.

45.000-50.000 ANOS ATRÁS

Os humanos continuaram a viajar e chegaram à Indonésia, à Papua-Nova Guiné e à Austrália em embarcações simples, como canoas e jangadas.

20.000 ANOS ATRÁS

As Américas foram os últimos continentes a serem ocupados por humanos, que migraram do nordeste da Ásia para o Alasca, na América do Norte, e então avançaram para a América do Sul nos séculos seguintes.

30.000 ANOS ATRÁS

Os humanos chegaram às partes mais orientais da Ásia, como Japão. Com o tempo, eles substituíram a população nativa de neandertais que viviam na região e foram gradualmente extintos.

ANOS 1960 EM DIANTE

Com o alvorecer da independência, muitos países comemoraram a libertação dos governantes coloniais. No entanto, alguns dos países recém-independentes sofreram com guerras brutais que forçaram seus cidadãos a fugirem para países europeus, como França, Reino Unido, Portugal, Holanda e Bélgica.

ANOS 1980 EM DIANTE

Muitos africanos, mesmo aqueles que viviam em países pacificados, migraram voluntariamente para antigas potências coloniais, como Reino Unido, Portugal e França, em busca de oportunidades de trabalho e educação.

ANOS 2000

Os africanos continuaram a migrar para vários lugares do mundo em busca de melhores oportunidades de trabalho, estudo e negócios. Muitos foram para países europeus, como Reino Unido, França e Bélgica, enquanto outros migraram para a América do Norte e a Ásia. Os países europeus abrigam a maior população de migrantes da África.

Os norte-africanos também tiveram altos índices de migração para países fora da África. Os africanos de Argélia, Marrocos e Tunísia migraram em geral para a Europa, que é geograficamente próxima. Os africanos de países do nordeste, como Egito e Sudão, migraram em geral para países árabes, como Jordânia, Arábia Saudita e Emirados Árabes Unidos.

DEZ EXEMPLOS DE COMO A ÁFRICA INFLUENCIOU O MUNDO

1. MATEMÁTICA

Multiplicação, álgebra e geometria são alguns dos conceitos matemáticos desenvolvidos na África. Eles podem ser encontrados em antigos livros didáticos egípcios. Os antigos egípcios eram tão habilidosos em matemática que usavam cálculos para prever a inundação do rio Nilo! Um dos artefatos matemáticos mais antigos é o osso de Ishango, que tem pelo menos 20.000 anos. Ele foi descoberto na República Democrática do Congo.

2. O CALENDÁRIO

O primeiro calendário solar foi criado pelos antigos egípcios. Eles estudaram como a Terra gira em torno do Sol e estabeleceram um calendário composto de 12 meses e 365 dias.

3. CAFÉ

A Etiópia é considerada o berço do café. O café surgiu no século VIII (por volta de 700 d.C.) na atual Etiópia. Dizem que a descoberta veio depois que um pastor de cabras chamado Kaldi notou que suas cabras ficavam enérgicas depois de comerem frutas vermelhas de uma certa árvore. As pessoas começaram a moer e ferver as frutas em uma bebida. O café acabou se espalhando para o Norte até a Península Arábica no século XV.

4. MÚSICA

Muitos dos gêneros musicais mais amados do mundo, como a salsa, o samba, o *jazz*, o *blues* e o *hip-hop*, estão enraizados em influências africanas. O samba, que é uma manifestação importante da cultura brasileira, foi trazido por escravizados influenciados por ritmos africanos de batuque. Foram os ex-escravizados que também ajudaram a desenvolver o *blues*, ritmo que ficou popular no início do século XX. Hoje, o *afrobeats*, que é um gênero musical dos países da África Ocidental, principalmente Nigéria e Gana, está ganhando destaque em todo o mundo.

5. AÇO-CARBONO

Por volta de 100 d.C., o povo Haya, da agora chamada Tanzânia, começou a fabricar aço-carbono fundindo ferro em uma fornalha de barro e vidro. Isso foi muito antes da fabricação do aço moderno na Europa no século XIX. Os Hayas produziram aço-carbono de alta qualidade por cerca de 2.000 anos. Hoje, o aço-carbono é usado em carros, oleodutos, ferrovias e pontes.

6. VACINA

A inoculação, ou vacinação, já era praticada na África muito antes do período colonial. Os africanos foram infectados com a varíola trazida pelos colonos europeus. Para se imunizar contra a doença, eles pegavam pus de uma pessoa infectada com varíola e introduziam em uma pessoa saudável através de um corte. A pessoa saudável tinha sintomas leves de varíola e desenvolvia imunidade contra a doença.

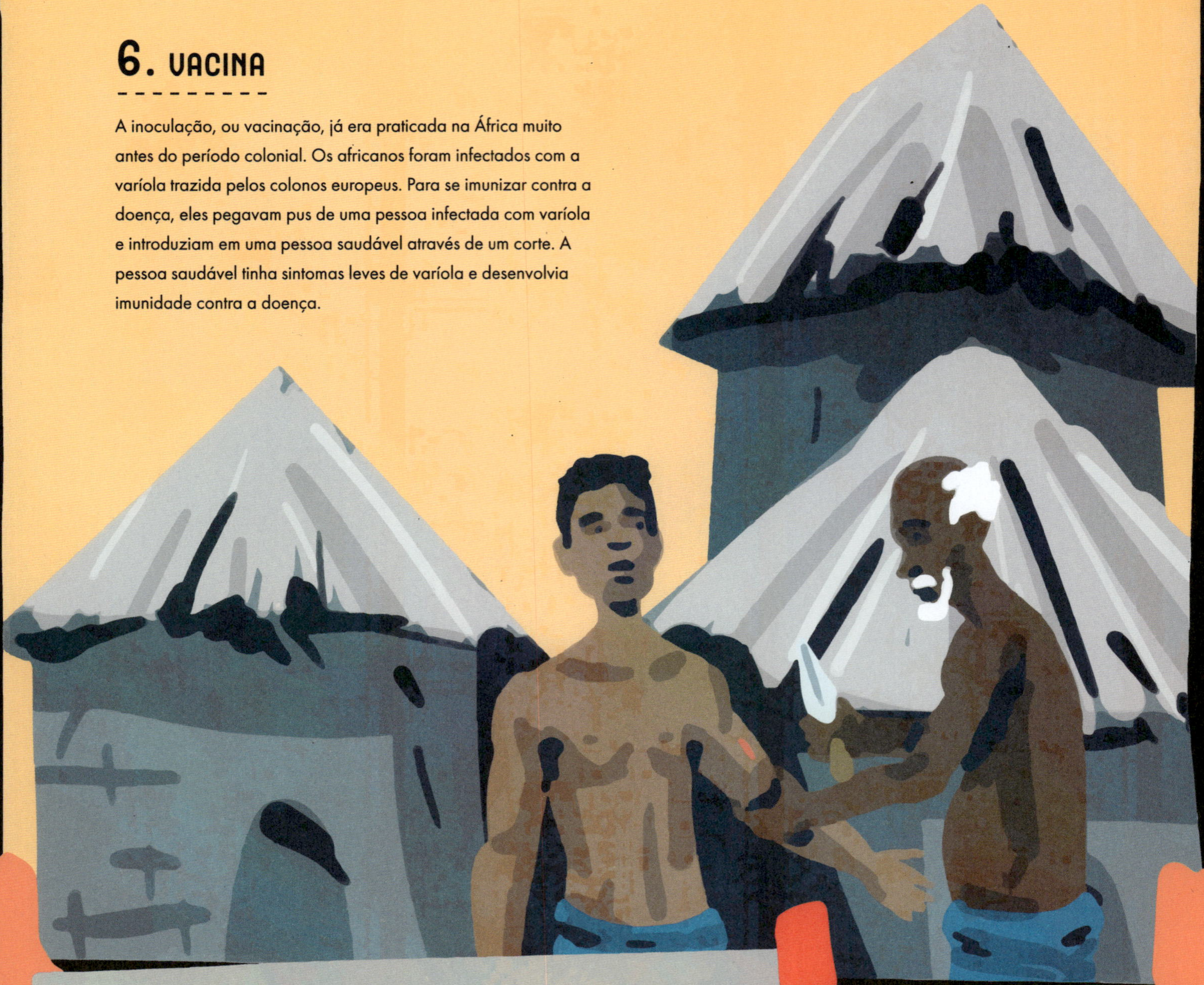

7. ANALGÉSICOS

Há 3.500 anos, os egípcios foram um dos primeiros grupos a usar o ácido salicílico da casca do salgueiro para tratar dores. Isso ocorreu antes que gregos e romanos adotassem a medicina séculos depois. Hoje o remédio é usado para fazer aspirina, uma medicação comumente usada para aliviar dores e tratar febres.

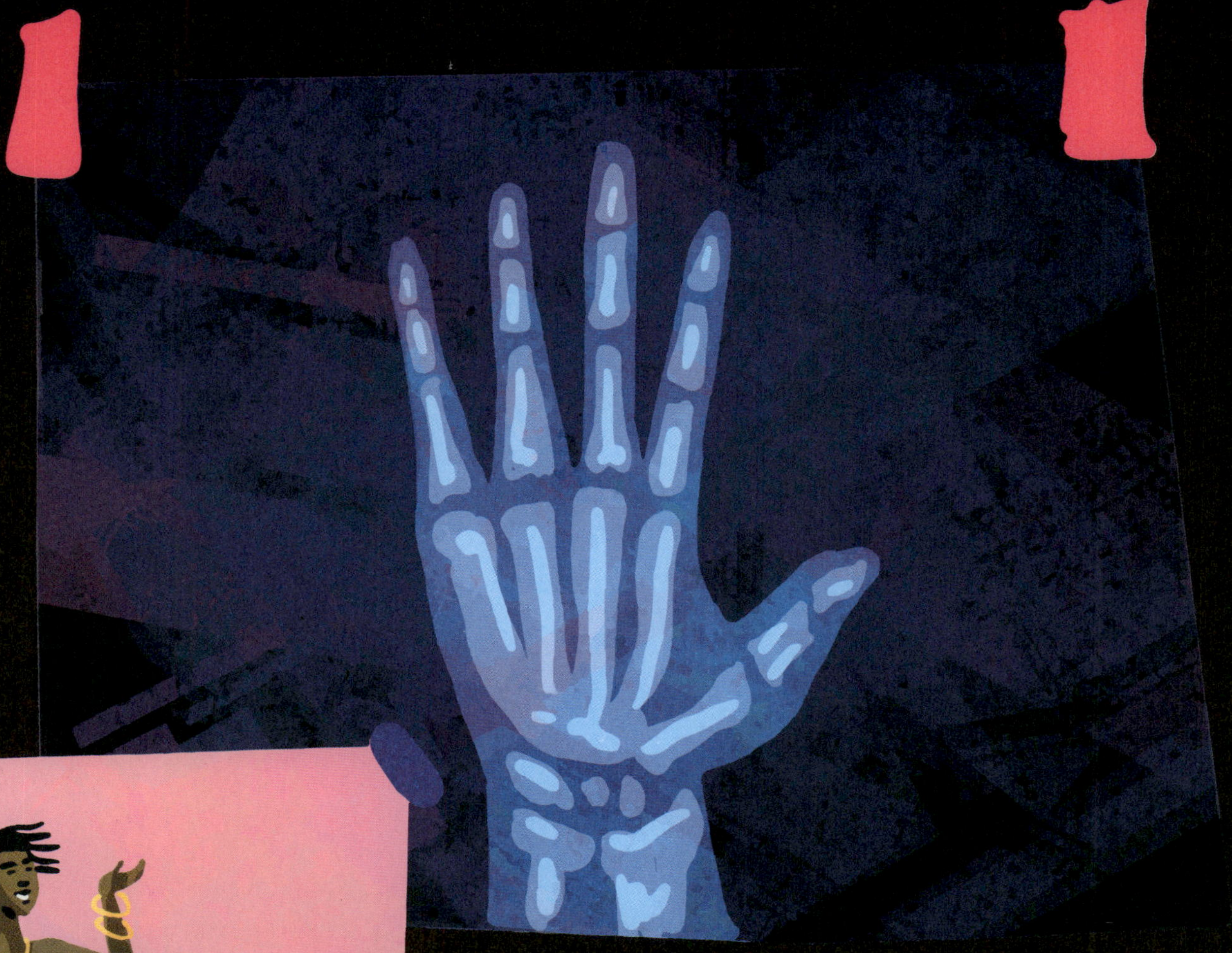

8. TOMOGRAFIA

A tomografia computadorizada foi coinventada por Allan MacLeod Cormack, um físico sul-africano-americano. Na década de 1960, ele criou uma fórmula matemática para combinar as imagens feitas por um exame de raios X em uma imagem de alta definição.

9. DANÇA

Os africanos também influenciaram a dança em todo o mundo com movimentos enérgicos e batidas cativantes. Movimentos de dança como o "gwara gwara", o "shaku shaku" e o "poco" começaram nas mídias sociais e ganharam popularidade. Eles são apresentados em videoclipes de artistas famosos como Rihanna e Beyoncé.

10. COMIDA

A África teve uma enorme influência na culinária global. Os africanos introduziram banana-da-terra, mandioca, inhame e quiabo na culinária caribenha. Eles também trouxeram para a culinária o uso de especiarias quentes, como a Pimenta Scotch Bonnet. O famoso prato de frango condimentado da Jamaica foi criado por pessoas escravizadas da África Ocidental. A culinária do sul dos Estados Unidos, que inclui vegetais como couve e quiabo, também foi introduzida por africanos escravizados.

PERSONALIDADES IMPORTANTES

NELSON MANDELA (1918–2013)

Nelson Rolihlahla Mandela é considerado o pai da África do Sul democrata. Ele foi o primeiro presidente negro da África do Sul, governando de 1994 a 1999. Antes disso, Mandela foi preso por 27 anos pelo governo. Quando finalmente foi libertado, ele escolheu pregar o perdão e a reconciliação. Sua dignidade e coragem o transformaram em um herói internacional e fonte de inspiração para muitos.

LUPITA NYONG'O (NASCIDA EM 1983)

Lupita Nyong'o é uma atriz de ascendência queniana, nascida no México, que chamou a atenção do mundo em 2014, quando ganhou um Oscar de Melhor Atriz Coadjuvante. Foi a sua primeira indicação ao prêmio e ela ganhou por sua estreia no cinema. Lupita passou a mostrar sua diversidade como atriz estrelando em vários papéis. Ela também é autora de um *best-seller* — um livro infantil chamado "Sulwe".

WIZKID (NASCIDO EM 1990)

Ayodeji Ibrahim Balogun é mais conhecido como WizKid, o músico nigeriano mais ouvido do mundo. Sua fusão única de elementos musicais e líricos da África Ocidental misturados com *reggae, house* e *hip-hop* ajudaram a trazer o gênero musical *afrobeats* da África Ocidental para o *mainstream*. A carreira musical de WizKid começou quando ele tinha apenas 11 anos e formou um grupo chamado The Glorious Five com quatro amigos de sua igreja. Além de ganhar vários prêmios da indústria, ele colabora regularmente com outras grandes estrelas globais, incluindo Beyoncé e Drake.

VANESSA NAKATE

(NASCIDA EM 1996)

Quando Vanessa Nakate começou a notar a drástica mudança nas condições climáticas em Uganda, ela começou a agir — iniciou uma campanha individual contra a inação climática, manifestando-se do lado de fora do parlamento de Uganda. Quando outros jovens se juntaram a ela, Vanessa fundou o "Youth for Future Africa" e o "Rise Up Movement". Hoje, Vanessa Nakate é uma das principais vozes entre os jovens africanos que fazem campanhas contra as mudanças climáticas.

TREVOR NOAH (NASCIDO EM 1984)

Trevor Noah é um dos maiores comediantes da África. Trevor cresceu na África do Sul sob o domínio da minoria branca — filho de mãe negra sul-africana e pai branco suíço. Sua infância ajudou-o a moldar sua visão de mundo e tem sido fonte de seu melhor material de comédia e comentários políticos. A infância difícil está documentada em seu livro "Born a Crime: Stories from a South African Childhood". Trevor também apresentou um popular programa de TV norte-americano chamado "The Daily Show".

SIR DAVID ADJAYE OBE (NASCIDO EM 1966)

Considerado um dos principais arquitetos de sua geração, David é conhecido por seu *design* inovador e pelo uso criativo de materiais. Nascido na Tanzânia, ele morou em vários países quando criança — e durante esse tempo ele foi exposto a diferentes tipos de arquiteturas. Ao longo de sua carreira, David completou um número diverso e impressionante de projetos, desde *design* de móveis a grandes edifícios culturais, incluindo o Museu Nacional de História e Cultura Afro-Americana em Washington e a Escola de Administração de Moscou Skolkovo.

PALAVRAS DE SABEDORIA

Provérbios são ditados que são passados de geração em geração como forma de aconselhar, consolar, instruir e alertar as pessoas. Eles representam sabedorias que foram adquiridas por meio da experiência ao longo do tempo. Os provérbios são parte integrante da cultura africana e ainda são amplamente utilizados. Eles tendem a vir de comunidades específicas, mas sua origem nem sempre é fácil de rastrear. A beleza de um provérbio é que, seja de Angola ou do Zimbábue, ele sempre contém uma verdade universal.

Quando você dá uma cabra a um amigo, você tem que soltar a coleira. **– ZÂMBIA**

Quando os fios se unem, eles podem amarrar o leão. **– ETIÓPIA**

Ore por uma boa colheita, mas continue capinando. **– TANZÂNIA**

Quem vende ovos não briga no mercado. **– NIGÉRIA**

Unidos somos rocha, divididos somos areia. – **MADAGASCAR**

Se você está cavando um buraco para o seu inimigo, não o faça muito fundo, pois você pode cair nele. – **GÂMBIA**

Como a tartaruga, todo homem deve esticar o pescoço se quiser seguir em frente. – **GANA**

A pressa e a precipitação podem gerar filhos com muitos arrependimentos. – **SENEGAL**

Aquele que esquece seu passado está perdido. – **SUDÃO**

A opinião do inteligente é melhor do que a certeza do ignorante. – **GUINÉ**

Quando dois elefantes brigam, é a grama que sofre. – **ANGOLA**

Aquele que mastigar dois ossos ao mesmo tempo certamente morderá a língua. – **TOGO**

A boca que come não deve falar, pois corre o risco de engolir uma mosca. – **CAMARÕES**

Uma consciência limpa faz um travesseiro macio. – **GANA**

Você não pode levar ninguém longe, apenas você mesmo. – **BOTSUANA**

Você nunca pode semear arroz e esperar colher milho. – **SERRA LEOA**

A língua não pesa praticamente nada, mas poucas pessoas conseguem segurá-la. – **GANA**

FATOS RÁPIDOS SOBRE AS BANDEIRAS

Uma bandeira pode dizer muito sobre um país. Ela pode representar uma visão passada, presente ou futura do país. As bandeiras na África compartilham cores, símbolos e desenhos semelhantes — por exemplo, muitas possuem as cores vermelha, amarela e verde, e 25 delas apresentam uma estrela.

De 1977 a 2011, a bandeira da **LÍBIA** foi a única bandeira do mundo com apenas uma cor — era toda verde, sem outros desenhos. Isso representava a filosofia política e as crenças islâmicas do líder da época, Muammar Gaddafi. Depois da saída de Gaddafi, uma versão anterior da bandeira foi adotada. A bandeira atual é semelhante à usada entre 1951 e 1969.

As listras da bandeira de **BOTSUANA** são inspiradas no animal nacional do país, a zebra.

A bandeira da **NIGÉRIA** foi desenhada por um estudante de 23 anos, Michael Taiwo Akinkunmi, que entrou em uma competição em 1959, um ano antes da independência da Nigéria. A bandeira é composta de três listras verticais de tamanhos iguais. As listras verdes representam a indústria agrícola e a vegetação do país. A faixa branca representa o desejo de unidade e paz.

Para garantir que as pessoas respeitem a bandeira da **ÁFRICA DO SUL**, existem algumas regras que precisam ser observadas — elas incluem não usar a bandeira como toalha de mesa e garantir que ela não toque o chão! A bandeira também deve ser a primeira a ser levantada e a última a ser abaixada se estiver sendo hasteada com outras bandeiras nacionais.

O estudo das bandeiras é conhecido como **VEXILOLOGIA.** Um dos vexilógrafos de maior destaque na África foi Frederick Brownell, que projetou a bandeira sul-africana e a da Namíbia.

A **ARGÉLIA** é um dos muitos países que possuem um sinal religioso em sua bandeira. A lua crescente, a estrela e a cor verde são símbolos tradicionais da religião oficial — o Islamismo.

A bandeira da **LIBÉRIA** tem uma forte semelhança com a bandeira dos Estados Unidos da América – ambas as bandeiras têm listras vermelhas e brancas, estrela(s) branca(s) e um quadrado azul localizado no canto superior esquerdo. A semelhança é porque a Libéria foi fundada por ex-escravizados que queriam representar os ideais dos Estados Unidos em sua bandeira.

As bandeiras da Romênia e do **CHADE** são praticamente idênticas. Ambas as bandeiras têm listras azuis, amarelas e vermelhas, embora especialistas digam que a cor azul na bandeira do Chade é mais escura do que a usada na versão da Romênia.

MOÇAMBIQUE é um dos poucos países que têm uma arma exposta na sua bandeira para transmitir uma mensagem de vigilância e da importância da defesa nacional após anos de guerra. Na bandeira você pode ver uma arma de fogo AK-47 cruzada com uma enxada agrícola em cima de um livro. Outros países que também possuem armas de fogo em suas bandeiras são Guatemala, Haiti e Bolívia.

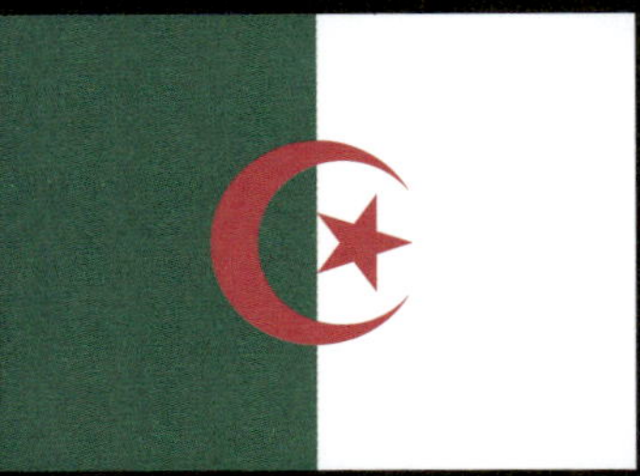
ARGÉLIA

EGITO

LÍBIA

MAURITÂNIA

MARI

ETIÓPIA

QUÊNIA

MADAGASCAR

ILHAS MAURÍCIO

RUA

TANZÂNIA

UGANDA

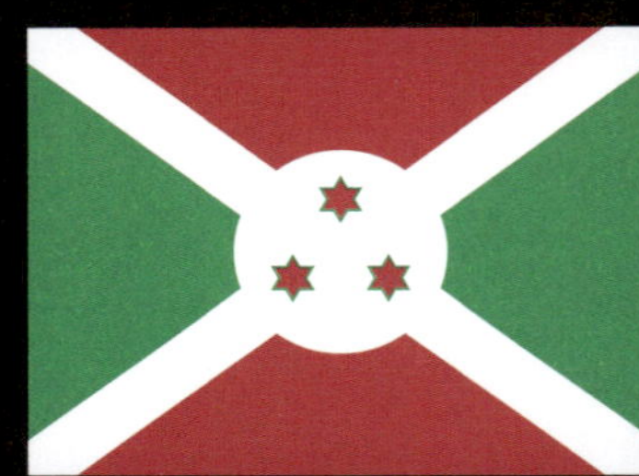
BURUNDI

CAMARÕES

REPÚ
CENTRO-

GABÃO

SÃO TOMÉ E PRÍNCIPE

BENIN

BURKINA FASO

CABO

GUINÉ-BISSAU

LIBÉRIA

MALI

NÍGER

NIG

BOTSUANA

REINO DE ESSUATÍNI

LESOTO

MALAWI

MOÇA

TUNÍSIA
COMORES
DJIBUTI
ERITREIA
SEICHELES
SOMÁLIA
SUDÃO DO SUL
SUDÃO
CHADE
REPÚBLICA DO CONGO
REPÚBLICA DEMOCRÁTICA DO CONGO
GUINÉ EQUATORIAL
COSTA DO MARFIM
GÂMBIA
GANA
GUINÉ
SENEGAL
SERRA LEOA
TOGO
ANGOLA
NAMÍBIA
ÁFRICA DO SUL
ZÂMBIA
ZIMBÁBUE

GLOSSÁRIO

A.C.: Quaisquer anos anteriores ao nascimento de Jesus Cristo.

ÁFRICA SUBSAARIANA: Relativo às partes da África que estão no sul do deserto do Saara.

AIDS (Síndrome da Imunodeficiência Adquirida): O termo é usado para descrever uma série de infecções que oferecem riscos à vida e doenças que ocorrem quando o sistema imunológico é severamente danificado pelo vírus HIV.

ALFAIATARIA: O trabalho de um alfaiate ou o estilo ou corte de uma peça de roupa.

ALTITUDE: A altura de um objeto ou um ponto em relação ao nível do mar ou do solo.

ALUVIAL: Sedimentos de todos os tipos (lama, areia ou cascalho) depositados por água corrente (rios, cursos d'águas) nos leitos ou margens de drenagens, nas planícies de inundação.

AMADOR: Uma pessoa que faz algo por diversão e não apresenta habilidade profissional para exercê-la.

ANCESTRAL: Alguém que viveu há muito tempo e apresenta algum parentesco com uma pessoa ainda viva.

ANEXAR: Tomar posse de uma parte de uma terra ou país, geralmente por meio do uso da força ou sem a permissão do proprietário anterior.

APARTHEID: Uma política ou um conjunto de leis implantado na África do Sul, baseado na segregação ou discriminação racial.

ARIDEZ: Estado de pouca ou nenhuma ação pluvial. Os ambientes ficam muito secos ou com cenários adversos para a sustentação da vida vegetal.

ARQUEOLOGIA: A ciência que estuda materiais remanescentes da vida e da atividade antigas da humanidade, como monumentos, ferramentas, cerâmicas, entre outros.

ARQUITETURA: A complexidade presente no *design* de determinada estrutura.

ARTEFATOS: Objetos, ornamentos ou ferramentas, feitos por seres humanos, que despertam interesse histórico ou cultural.

ASTRONÔMICO: Relacionado à astronomia; o estudo de estrelas e planetas.

AUSTERA: Quando não há excesso, luxo ou facilidade. Viver com disciplina.

BIODIVERSIDADE: Refere-se à variedade de vidas na Terra.

CAÇA FURTIVA: A caça ou captura ilegal de animais selvagens.

CALEIDOSCÓPIO: Uma mudança constante de padrões ou da sequência de elementos.

CÉDULA: Um pedaço de papel, de papelão ou de materiais similares, em que as pessoas escrevem o próprio voto.

CIVILIZAÇÃO: A sociedade, a cultura e o modo de vida localizados em uma área específica.

COLÔNIA: Um país ou uma área sob controle político parcial ou total de outro país, tendo seu território ocupado pelos colonos de sua metrópole.

COLONIZAÇÃO: Ação ou processo de se estabelecer e controlar os povos nativos de uma área.

COMERCIAL: Relação na qual o objetivo final é a obtenção de lucro.

COMÉRCIO: A ação de comprar e vender produtos e serviços.

CONJUNTOS: Grupos de coisas ou pessoas que agem em união, como um todo.

CONQUISTA: O ato de tomar o controle de um país, uma área ou uma situação, geralmente através do uso da força.

CONSERVAÇÃO AMBIENTAL: A prática da proteção da natureza contra indivíduos, organizações e governos. Quando há o objetivo de proteger recursos naturais, a natureza viva e ocorre a tentativa de reparar danos.

CORRUPÇÃO: O uso indevido de poder visando ao ganho pessoal.

COSMÉTICOS: Produtos feitos para realçar ou alterar a aparência de alguém.

D.C.: Quaisquer anos posteriores ao nascimento de Jesus Cristo.

DÂNDI: Um tipo de homem que apresenta grande foco na própria aparência e sempre usa roupas elegantes.

DEMOCRACIA: Um sistema governamental baseado na crença de que o poder está sob controle de um povo e das pessoas que ele escolhe para representá-lo.

DENOMINAR: Caracterizar ou ser caracterizado por meio de palavra, nome, expressão, qualificação ou apelido.

DESCENDENTE: Uma pessoa, planta ou animal com parentesco com outros seres.

DESMATAMENTO: Eliminação de florestas ou de grupos de árvores.

DIÁSPORA: Dispersão de um grupo de pessoas, com origem ou terra natal similares, para outra localidade.

DINAMISMO: Grande presença de energia, força ou poder.

DINASTIA: Uma série de governos ou líderes que descendem de uma mesma família durante um período em que um país é governado apenas por esse grupo.

DOENÇAS RESPIRATÓRIAS: Enfermidades que atingem os órgãos do sistema respiratório.

DOMESTICAR: Domar um animal e permitir-lhe viver em contato próximo com humanos.

ECOLOGISTA: Uma pessoa que estuda a relação entre duas coisas vivas e o ambiente em que elas vivem.

ECOSSISTEMA: Onde habita uma comunidade ou grupo de plantas, de animais, havendo interação entre os seres e o ambiente.

EMBELEZAMENTO: A ação ou o processo de melhoria da aparência de uma pessoa ou de um local.

EMIGRAÇÃO: A realocação ou o processo de saída de pessoas que viviam em um país e se mudam para outro com o objetivo de se estabelecer no novo local.

EMPREENDEDOR: Um indivíduo que cria um novo negócio.

ENXOFRE: Um elemento amarelo-claro que surge largamente na natureza, sobretudo em depósitos vulcânicos, minerais, gás natural, etc.

ESCAVAÇÕES: O ato de remover a terra que está cobrindo objetos antigos enterrados no chão, possibilitando a descoberta de coisas sobre o passado.

EXTINÇÃO: Quando um ser faz parte de uma população cuja existência está ameaçada, havendo pouca população de sua espécie vivendo no planeta.

FARAÓS: Os governantes do Egito Antigo.

FAUNA: Os animais de uma região particular, de um hábitat ou de um período geológico.

FERMENTAR: O processo em que uma substância se torna outra mais simples.

FLORA: As plantas de uma região particular, de um hábitat ou de um período geológico.

FÓSSEIS: Quaisquer restos, impressões e vestígios preservados de qualquer ser vivo pertencente a um passado geológico, como ossos, conchas petrificadas, cabelo, etc.

FUNDIÇÃO: Fundir um minério para separar o metal.

FUTEBOL AMERICANO: É um jogo cujo objetivo é chegar à linha de fundo do território adversário levando nas mãos uma bola oval.

GENOCÍDIO: O assassinato deliberado de pessoas que pertencem a um particular grupo étnico ou nacional.

HABITANTE: Uma pessoa ou animal que vive em um lugar ou o ocupa.

HIV (Vírus da Imunodeficiência Humana): Um vírus que ataca o sistema imunológico do corpo.

HOMINÍDEO: Um grupo que consiste em humanos modernos, espécies humanas extintas e todos os seus ancestrais diretos.

IMUNIDADE: Estar protegido e o sistema imune do corpo poder combater vírus específicos, doenças e infecções.

INOCULAÇÃO: O processo em que uma forma enfraquecida de uma doença é dada a uma pessoa ou a um animal, geralmente por meio de injeção, de modo a proteger contra essa doença.

INOVADORES: Pessoas que apresentam novidades ou fazem algo diferente do que já foi feito.

INTERMEDIAR: Atuar como mediador entre duas ou mais partes.

JUDEUS MIZRAHIM: O termo é usado para se referir aos judeus com origem no Oriente Médio e no norte da África.

JUDEUS SEFARDITAS: Refere-se aos membros ou descendentes de judeus que foram expulsos da Espanha e de Portugal no final do século XV.

LATITUDE: A distância angular de um lugar ao norte ou ao sul da Linha do Equador.

LUCRATIVO: Algo que produz riqueza ou lucro.

MARAVILHAS NATURAIS DO MUNDO: Monumentos impressionantes, criados no mundo antigo, que são respeitados com admiração.

MARGINALIZADO: Que ou quem foi excluído de algum grupo ou sociedade.

MERCADORIA: Uma substância ou produto que pode ser comprado, vendido ou trocado.

METALEIROS: Fãs de música *heavy metal*.

MIGRAÇÃO: O movimento de saída de pessoas de um lugar para outro.

MUMIFICAÇÃO: O processo de preservação e tratamento de cadáveres no Egito Antigo. Isso geralmente envolve a remoção total da umidade do corpo, deixando apenas uma forma seca que não apodrece facilmente.

NAÇÕES UNIDAS: Uma organização internacional de que participam a maioria dos países. Visa manter a paz, a segurança e a cooperação internacionais.

NATIVOS: Originários de determinado lugar ou aqueles que naturalmente passaram a ocupar um lugar específico.

NEOLÍTICO: Período relativo à última parte da Idade das Pedras.

NÔMADES: Pessoas que viajam de um local a outro para encontrar pasto fresco para seus animais e, por isso, não possuem casa permanente.

PAPIRO: Um material preparado no Egito Antigo a partir do tronco da alga, usado como folha por todo o antigo Mediterrâneo para escrever, pintar e fazer corda.

PARLAMENTO: O grupo de políticos eleitos ou outras pessoas que fazem as leis para seu país.

PERSEGUIÇÃO: A hostilidade e os maus-tratos a uma pessoa ou um grupo de pessoas por causa de sua raça, crença política ou religiosa.

PICTOGRAMAS: Desenho ou pintura antigos ou pré--históricos feitos em uma parede de pedra.

PLANALTOS: Uma área com terreno elevado e bastante nivelado.

PRÉ-INDUSTRIAL: Relativo a um tempo anterior ao processo no qual países passaram da criação de produtos agrícolas simples para produtos manufaturados.

PRIMATA: Membro de um grupo de mamíferos que inclui humanos, macacos e símios.

PROTETORADO: Um Estado ou país que é controlado e protegido por outro país mais poderoso.

PROVÉRBIOS: Curto ditado tradicional que expressa uma verdade óbvia ou uma experiência familiar.

RADIAÇÃO: O processo no qual a energia é emitida como partículas ou ondas.

RASTAFÁRI: Um movimento religioso entre jamaicanos negros que pregam a redenção final das pessoas negras e sua volta à África.

REFUGIADO: Alguém que foi forçado a deixar sua casa por conta de guerra ou desastre natural.

RENASCIMENTO: Esse foi o período de tempo entre os séculos XIV e XVII em que na Europa foi promovida a redescoberta da filosofia clássica, da literatura e da arte.

REVOLTA: O ato de se manifestar, às vezes usando a violência, feito por muitas pessoas de uma área de um país contra aqueles que estão no poder.

SECA: Grande período com pouca ação pluvial, levando à escassez de água.

SEGURO: Um contrato em que uma pessoa paga a uma empresa que promete indenizá-la em caso de acidente ou fatalidade.

SISTEMA JUDICIÁRIO: A parte do governo de um país que é responsável pelo seu sistema legal e tem autoridade para resolver discussões, desentendimentos, fazer a defesa e aplicar a lei no país ao qual pertence.

SUBESPÉCIE: Um tipo específico dentro de uma espécie, constituído por membros que são claramente diferentes em alguns aspectos se comparados a outros.

SUSTENTÁVEL: O processo no qual atendemos as nossas necessidades sem comprometer a possibilidade de que as gerações futuras possam atender as suas respectivas necessidades.

TSUANA: A língua banto do povo tsuana. É uma das línguas oficiais da África do Sul.

VACINAÇÃO: O ato de introduzir uma substância dentro do corpo de alguém para preveni-lo de consequências graves de uma doença.

VADZIMU: Os mortos-vivos ou espíritos ancestrais que vivem entre o povo Xona.

VEXILOLOGIA: O estudo da história de símbolos e bandeiras.

VODU: Um tipo de religião que envolve magia e adoração de espíritos.

ÍNDICE REMISSIVO

A

Abdulmajid, Iman 35
Abissínia 28
Aço-Carbono 79
Adichie, Chimamanda Ngozi 59, 60
Adjaye, Sir David 83
África Central 5, 38, 40-45, 49, 74
África do Sul 6, 9, 11-13, 62-72, 82, 83, 88, 91-93
África Ocidental 5, 8, 11, 50, 52-56, 58, 61, 74, 76, 79, 81, 82
África Oriental 5, 8, 26, 28, 29, 30, 32, 36, 45, 63, 76
Agricultura 17, 19, 41, 43, 65, 76
Alfabeto Ge´Ez 11
Ali, Muhammad (Boxeador) 40
Almóadas 17
América do Norte 10, 74, 76, 77
América do Sul 10, 74, 76-77
Analgésicos 80
Angola 9, 39-41, 62, 64, 68, 84, 86, 91
Antigo Egito 10, 16, 17, 20
Antílope Ádax 57
Apartheid 11, 70-71, 92
Árabe 12, 16, 18, 19, 22, 23, 25, 74-76
Argélia 8, 14, 16, 17, 18-19, 21, 24-25, 77, 89-90
Arquitetura 13, 18, 29, 52, 92
Artista 23, 24, 34, 43, 50, 75, 81
Asante 53
Ativista climática 58
Aubameyang, Pierre-Emerick 47
Axum 11, 28, 29

B

Ba'aka 42
Bacia do Congo 42, 44
Bamileke 42
Bamum 38
Banana-da-Terra 43, 81
Banda, Joyce 70
Bandeira 88, 89, 93
Banto 10, 40, 65, 92
Bateristas Reais do Burundi 46
Baunilha 27
Beduínos 18
Bemba 6, 64
Benin 9, 13, 51-53, 90
Berberes 6, 16-19
Borboletas 12, 39
Botsuana 9, 62, 63, 64-66, 68-69, 71, 73, 87-88, 90
Búfalos 44, 69
Burkina Faso 8, 50, 58-60, 90
Burundi 9, 39, 40, 46, 90
Byanyima, Winnie 34

C

Cabo da Boa Esperança 64
Cabo Verde 8, 50, 57, 90, 91
Cacau 39, 50
Café 26, 37, 78
Cairo 12, 15, 22, 25
Calendário 8, 19, 26, 78
Camarões 9, 39, 40, 42-43, 45, 48, 86, 90
Capela em Biku Hill 27
Caracol 57
Caribenhos 74, 75
Cartago 15-17
Cataratas de Vitória 9, 63
Chade 8, 38, 40, 43-44, 47, 54, 89, 91
Chewa 67
China 29, 75
Cidade 6, 9-13, 15-18, 24, 25, 29, 37, 38, 40, 51, 52, 65
Cientistas 7, 10, 30, 33, 50
Cinco grandes animais 68, 69
Cobras 51, 68
Cobre 8, 10-12, 41, 53, 68
Colonialismo 35, 52
Colonização 11, 17, 18, 64, 65, 92
Comércio 10, 20, 26, 28, 64-65, 74-76, 92
Comida 20, 27, 32, 43, 69, 74, 76, 81
Conquista Árabe 16, 18
Coptas 19
Cordilheira do Atlas 14, 21
Costa do Marfim 9, 39, 50, 54, 56-57, 59, 91
Cristianismo 11, 13, 29-30, 49, 54
Crocodilo 20, 43, 56
Cultura 5, 6, 10, 12, 13, 17, 18, 24, 27, 28, 30, 42, 43, 53, 54, 66, 67, 74, 75, 79, 83, 84, 92
Cuscuz 14

D

Dança 13, 31, 43, 54, 67, 72, 74, 75, 81
Dangarembga, Tsitsi 71
Delta do Okavango 69
Depressão de Danakil 26
Deserto de Kalahari 68
Deserto do Namibe 9, 68
Deserto 5, 6, 8, 9, 12, 14, 16, 19-21, 38, 44, 51, 56, 68, 92
Designers de Moda 61
Diamantes 62, 65
Dinastia Almorávida 16, 17
Dinastia Zagwe 28
Dinka 30
Djenné 51
Djibuti 8, 26, 27, 31, 91
Do Espirito Santo, Alda 47
Dogons 54
Drogba Tébily, Didier Yves 59

E

Ecologista 29, 34, 92
Egito 8, 10, 14-20, 22, 23, 25, 26, 28, 29, 77, 90, 92, 93
El Saadawi, Nawal 22
Elefante 6, 13, 16, 27, 31, 32, 39, 44, 45, 62-69, 86
Emissão de carbono 49
Energia limpa 25
Engenheira 34, 48
Eritreia 8, 26, 28, 31, 33, 91
Escravidão 10, 75, 81
Esculturas 11, 41, 42, 43, 52
Espanha 11, 16-17, 19, 75-76, 96
Especiarias 29, 55, 81
Esportes 75
Etiópia 7-8, 9, 10-11, 13, 26-29, 31, 33-34, 36-37, 78, 84, 90

F

Fadiouth 50
Fangues 43
Faraós 10, 17, 92
Ferramentas de pedra 64
Festival 13, 24, 46, 51, 60
Filme 8, 9, 23, 36, 47, 51, 59, 60
Floresta tropical 38, 40, 44, 45, 49
Fósseis 7, 10, 29, 93

G

Gabão 9, 39-40, 43, 47, 49, 90
Gana 7, 9, 11, 39, 50, 52-57, 61, 79, 85, 87, 91
Gazela-Dama 20
Gebrselassie, Haile 35
Genocídio 28, 93
Gnawa 24
Gorila 7, 32, 42, 44, 45
Grande Muralha Verde 61
Grande Zimbábue 9, 11, 65
Guerra civil 28, 52
Guiné 8, 24, 50, 55-57, 86, 91
Guiné Equatorial 9, 39, 43, 50, 91
Guiné-Bissau 8, 50, 56, 90
Gurnah, Abdulrazak 35

H

Hajjaj, Hassan 23
Harmatã 56
Haroun, Mahamat Saleh 47
Hauças 54
Herero 6, 72
Hienas-listradas 21
Himba 12, 66
Hipopótamo 16, 44, 57
Homo habilis 29

I

Império de Gana 7, 53
Império Lunda 40
Império Monomotapa 64
Império Otomano 16
Império Rozvi 65
Império Songai 7
Independência 11, 14, 16, 27-29, 40, 47, 52, 54, 64, 77, 88
Inhame 43, 81
Inoculação 80, 93
Iorubá 53
Islã 16, 18, 29, 54
Islamismo 13, 19, 30, 54, 89

J

Jogos africanos 41
Jollof 55
Judaicas 19

K

Kalenjin 9, 30
Katanda 39
Keneilwe 71
Kidjo, Angélique 58
Kilimanjaro 27, 32
Kilwa Kisiwani 29
Kinshasa 12, 40, 43, 48
Konza Technopolis 37
Koutammakou 9, 51
Kwelagobe, Mpule 71

L

La Sape 42
Lago Assal 26
Lago Chade 38
Leão 27, 31, 32, 34, 53, 68, 69, 84
Leopardo 31, 44, 68, 75
Lesoto 9, 12, 14, 62-64, 90

Libéria 9-10, 50, 56-57, 89, 90
Líbia 8, 14-16, 17, 18-19, 23, 25, 88, 90
Lingala 6
Língua 9, 10, 13, 18, 19, 30, 50, 55, 65, 67, 86, 87, 93
Linha do Equador 38, 39, 93
Lobo-etíope 7, 33
Lucy 33
Luthuli, Albert John 70

M

M-Pesa 29
Maasai 31
Maathai, Wangari 29, 34
Madagascar 9, 27, 85, 90
Magreb 15 , 19
Mahfouz, Naguib 22
Makeba, Miriam 71
Mali 8, 10, 11, 24, 50-56, 62, 90
Mandela, Nelson 11, 62, 82
Mandioca 43, 81
Manguezais 56
Marrocos 8, 14, 16-19, 21, 24, 77, 90, 91
Matar, Hisham 23
Matemática 75, 78, 81
Matmata 15
Mau Mau 29
Mauritânia 8, 11, 14, 16, 17, 24, 55, 90
Medalhas de ouro 30
Mediterrâneo 8, 17, 21, 76, 93
Migração 10, 32, 35, 40, 65, 74, 76, 77, 93
Mobutu, Joseph 40
Moçambique 9, 62-64, 70, 89-91
Modelo 35, 71
Moringue 27
Mudança climática 61
Mumificação 17, 93
Musaranho-elefante 13
Música 13, 24, 41, 43, 46, 50, 52, 71-73, 79, 93
Mutola, Maria De Lurdes 70

N

Nakate, Vanessa 83
Namíbia 9, 12, 62, 64, 66, 68-69, 72, 89, 91
Níger 8, 51-54, 56, 57, 90
Nigéria 9, 45, 51-56, 58-61, 79, 84, 88, 90, 91
Niyongabo, Vénuste 46
Noah, Trevor 83
Nok 52
Nollywood 7, 9, 51
Nômades 16, 18, 21, 43, 93
Norte da África 6, 8, 12, 14-21, 23, 24, 76, 77, 93
Nova Capital Administrativa 25
Núbia 26
Nyong'o, Lupita 82

O

Ocapi 45
Oladosu, Adenike 58
Olho do Saara 14
Ouro 11, 28-30, 41, 46, 53, 64-65, 70

P

Papa Wemba 46
Parque Nacional de Serengeti 7, 32
Pirâmides 8, 10, 17, 26
Portugal 11, 19, 64, 65, 75-77, 93
Prêmio Nobel da Paz 29, 34, 70
Presidente 11, 34, 40, 47, 70, 75, 82

Q

Quênia 7, 9, 26, 27, 29-32, 34, 36, 37, 69, 90
Quiabo 81

R

Rabat 24
Região Floral do Cabo 69
Reino Cuba 41
Reino de Buganda 28
Reino de Cuxe 28
Reino de Essuatíni 9, 14, 62-64, 90
Reino de Ifé 11, 53
Reino de Luba 41
Reino de Mapungubwe 65
Reino do Congo 39, 41
Reino do Daomé 52
República Centro-Africana 9, 39, 40, 90-91
República Democrática do Congo 9, 12, 39-41, 43, 45, 48, 49, 62, 78, 91
República do Congo 9, 12, 39-41, 91
Rinocerontes 16, 69
Rio Congo 40, 44, 56
Rio Nilo 8, 20, 56, 78
Robôs 48
Romanos 16, 80
Ruanda 9, 27, 28, 30, 32, 36, 90, 91
Rumba 43, 46, 74

S

Saara 8, 12, 14-16, 18-21, 38, 44, 51, 56, 92
Sahel 19, 43, 61
Salah, Mohamed 22
Sankara, Thomas 59
Sãs 66
Savana 6, 19, 21, 26, 39, 44, 68, 69
Savana do Silício 7, 26, 36
Seicheles 9, 27, 91
Selassie, Haile 28, 34
Senegal 8, 11, 50, 53, 55-56, 61, 85, 91
Serra Leoa 9, 50, 56, 57, 87, 91
Sete Terras Coloridas 33
Somália 9, 11, 26-27, 30, 35, 91
Soukous 43, 46
Sudão 8, 11, 19, 26-28, 77, 86, 91
Sudão do Sul 8, 9, 27, 28, 30, 91
Sul da África 6, 8, 9, 11, 12, 40, 62, 64-66, 68, 69

T

Tanzânia 9, 27, 29-32, 36, 37, 69, 79, 83-84, 90
Tartarugas 56, 57
Tuaregues 18, 24
Tecido de lama 55
Terras Altas 7, 33, 44, 56
Têxtil 41, 55
Togo 9, 51, 53, 56, 86, 91
Tomografia 81
Transferência de Dinheiro 29
Tunísia 8, 14-19, 21, 25, 77, 91

U

Uganda 9, 20, 26-28, 30, 32, 34, 36, 83, 90
Universidade 14, 37
Uolofe 6, 53, 55

V

Vaca 39, 72
Vale do Nilo 19, 20
Vale do Rifte 28, 31-32
Vinho de Palma 55
Vodu 13, 93

W

Wakaliwood 36
Wizkid 82
Wodaabe 43

X

Xona 6, 13, 63, 64, 67, 93
Xossa 6, 62, 67

Y

Yéké Yéké 50
Yennenga 58, 60

Z

Zâmbia 9, 40, 62-64, 66, 67, 84, 91
Zewail, Ahmed H. 23
Zimbábue 9, 11, 13, 62-65, 69, 71, 84, 91
Zulu 62, 65

Para o meu pai amante de livros, Maxwell Muzanenhamo Chakanetsa. K.C.

Para as minhas sobrinhas, Emmanuella e Gbemisola. A.M.

Um agradecimento especial para Feliciana Nezingu por suas excelentes habilidades de pesquisa, e a B por tudo.

www.editoramostarda.com.br
Instagram: @editoramostarda

ISBN 978-65-80942-14-5

Título original em inglês: *Africana*
Primeira edição em 2022 por *Wide Eyed Editions*, uma marca *The Quarto Group.*

Edição: Georgia Amson-Bradshaw
Design: Myrto Dimitrakoulia
Preparação: Claire Grace
Assistente editorial: Rachel Robinson
Produção: Dawn Cameron
Direção editorial: Andressa Maltese
Tradução: A&A Studio de Criação
Revisão: Beatriz Novaes, Elisandra Pereira, Marcelo Montoza,
Mateus Bertole e Nilce Bechara
Editoração eletrônica: Felipe Bueno, Ione Santana e Leonardo Malavazzi

Impresso na China

Dados Internacionais de Catalogação na Publicação (CIP)
(Câmara Brasileira do Livro, SP, Brasil)

Chakanetsa, Kim
Africana / Kim Chakanetsa ; ilustrado por Mayowa Alabi ; tradução A&A Studio. -- 1. ed. -- Campinas, SP : Editora Mostarda, 2023.

Título original: Africana
ISBN 978-65-80942-14-5

1. África 2. África - Civilização 3. África - Condições sociais 4. África - Costumes 5. África - Cultura 6. África - Geografia 7. África - História I. Mayowa, Alabi. II. A&A Studio. III. Título.

23-140989 CDD-960

Índices para catálogo sistemático:

1. África : História 960

Henrique Ribeiro Soares - Bibliotecário - CRB-8/9314

MISTO
Papel | Apoiando o manejo florestal responsável
FSC® C008047